ハヤカワ文庫 NF

〈NF613〉

謎のチェス指し人形「ターク」

トム・スタンデージ

服部 桂訳

早川書房

9105

日本語版翻訳権独占
早　川　書　房

THE TURK

The Life and Times of the Famous Eighteenth-Century Chess-Playing Machine

by

Tom Standage

Translated by
Katsura Hattori
Published 2024 in Japan by
HAYAKAWA PUBLISHING, INC.
This book is published in Japan by
direct arrangement with
BROCKMAN, INC.

エラに

目次

謎のチェス指し人形「ターク」

まえがき

オートマトン（ギリシア語で「自ら（αυτοζ）」と「つかむ（μαω）」を合わせた言葉）：自動機械もしくは動作の基本がその機構自体に組み込まれているもの。この定義によれば、柱時計や腕時計、これに類似した機械もオートマトンであるが、世の中では一般的には、動物の動くさまを模した装置を指す。

——1911年の『ブリタニカ百科事典』11版より

1769年の秋のある日、35歳のハンガリーの文官ヴォルフガング・フォン・ケンペレンは、オーストリア＝ハンガリー帝国の女帝マリア・テレジアの宮廷に召し出され、そこに招待されていたフランス人奇術師の舞台を目撃することになる。ケンペレンは物理学や機械工学、水利工学にも通じたこの帝国の官吏だった。女帝は科学全般に通じた人間が奇術師のトリックを見破れないかと思いつき、彼を招いたのだ。ところがその演技はケンペレンの人生を狂わすものとなった。それからいろいろな出来事が起き、彼は奇想天外な機械を作ることになる。その機械は、木製のキャビネットの後ろに座って東洋風の衣装を着た人間の形をしており、チェスを指すことができたのだ。

当時のヨーロッパの宮廷では、凝《こ》った機械玩具を余興に使うことが流行っていたが、それらに使われていたテクノロジーはすぐに、もっと生真面目な目的に使われるようになった。そこでケンペレンは自分の作ったチェスを指す機械を、宮廷を喜ばすだけでなく女帝の関心を引くことに用い、自分のキャリアにも役立てようとした。しかし彼の自動人形（オートマトン）は予想に反してヨーロッパやアメリカで広く有名になり、ケンペレンに勝利と失望をもたらすことになる。このオートマトンは活躍した85年の間に、ベンジャミン・フランクリン、エカテリーナ大帝、ナポレオン・ボナパルト、チャールズ・バベッジ、エドガー・アラン・ポーといった歴史的人物と接点を持つことになる。それは数々の小説や逸話の主題となり、真偽のわからない伝説やまったくのホラ話のネタともなる。このチェスプレイヤーは、実は歴史上最も有名なオートマトンになる運命にあった。そしてケンペレンの仕事は知らず知らずのうちに、動力織機、電話、コンピュータ、そして探偵小説の発想を喚起することになった。

スーパーコンピュータがチェスの世界チャンピオンを打ち負かす現代の目からは、ケンペレンのチェスを指す機械などはいかさまに見えるだろう。それは本物のオートマトンではなく、人間のオペレーターがこそこそとコントロールして巧みに動く、糸で吊るされた操り人形みたいなものだったからだ。しかしそもそも、18世紀の時計や機械のテクノロジーを使って、本物のチェスを指す機械などできたのだろうか？　確かに18世紀には、非常に巧妙な仕掛けを使った、ジャック・ド・ヴォーカンソンの機械アヒルやアンリ＝ルイ・ジャケ＝ドローのハープシコード演奏者、ジョン・ジョゼフ・メルランの踊り子人形などのオートマトンが作られ、ヨーロッパ全土で展示されていた。そして機械装置はテクノロジーの無限の可能性を与えてくれるように見えた。そのためケンペレンの考えた機械が本当にチェスを指せるかどうかは、まったく論外の話でもなかったのだ。

それがトリックだと主張する懐疑派の中でも、そのオートマトンがどのように動いているかについては意見が一致せず、いろいろな主張の応酬があった。機械的なトリックを使っている、磁気作用を使っている、手を使ってごまかしている、小人か小さな子どもか足のない人がその中に隠れている、隣りの部屋か床下から遠隔で操っている、とさまざまな説明がなされたが、そのどれもが一向に進展せず、ケンペレンの秘密を完全に解き明かすこともなく互いに足を引っ張り合っていた。実際にはやっと最近になって、このオートマトンのレプリカを作ることで初めて、その動きの秘密が完全に明らかにされたのだ。

ケンペレンは自分の機械にチェスを指させるという、明らかに知的な仕掛けを選んだとき、「機械は人間の能力を模倣したりそのまま再現したりできるか」という活発な論争に火をつけたことになる。この機械がデビューした時期は偶然にも産業革命が起こった時点と重なり、機械が人間の労働者を置き換え、人間と機械の関係が再定義されている最中だった。チェスを指す機械は、機械は人間の身体的能力を上回ることはありうるが、精神的な能力を超えるのは無理だ、という考えに染まっている人には驚異だった。この機械が起こした人々の反応は、200年以上も経ってコンピュータが起こしたそれの先駆けだった。そしてこのオートマトンの奇妙な物語は、コンピュータ前史と並行しながらいくつかの主要な場所で結びつき、いまでは科学者や哲学者が続けている、機械知能《マシン・インテリジェンス》の可能性についての論争に新たな意味を与えている。

ケンペレンは自分のオートマトンに一度も名前をつけなかったが、その東洋的な衣装のせいですぐについた通称が「ターク（Turk）」（トルコ人）で、現在でもその名で知られている。本書はこの人形の、波瀾に富んだ驚くべき物語である。

第*1*章

クイーンズ・ギャンビット拝命《アクセプテッド》

クイーンズ・ギャンビット（d4 d5 c4）：チェスのオープニングの一種で、白が自分のビショップのポーンを犠牲にし、以降の展開を有利に進めるための定石。黒はそれを受けポーンを取る。

あなたはかつての私のように知識と知恵を求めたが、私がそうだったように、その望みがかなったとしても、それがあなたをヘビのように欺かないことを切に願う。

——メアリー・シェリー『フランケンシュタイン』（1818）より

オートマトンは現代のテクノロジーのほとんどの、忘れられた祖先だ。コンピュータからCDプレーヤー、電車のエンジンからロボットまで、今日のマシンの起源は18世紀に開花した、この巧妙な機械玩具にまで遡ることができる。人類が製造した初の複雑な機械として、オートマトンは後に産業革命に組み込まれていくテクノロジーの実験台として、象徴的存在だった。しかしそのもともとの利用法は、それほど実用的なものではなかった。オートマトンは王族の慰みもので、ヨーロッパ中の城や宮廷での余興のためと、大貴族同士の贈り物として用いられていた。楽しみのためばかりか、当時のまさに最先端の技術を体現したものであり、各国の科学の水準を示すショーケースでもあった。その結果、オートマトンはただの玩具の姿をしていても、さらにずっと大きな社会的、文化的な重要性を持つものだった。

最初のオートマトンは基本的には、中世からヨーロッパの教会を飾ってきた精巧な機械時計を小さくしたものだった。こうした時計は天文現象（例えば月の満ち欠け）や、場合によってはある出来事をすべて機械的な芝居仕立てで示していた。典型的な例としては、聖母と幼子イエスが、特定の祝日の定時に戸口から現れるようなものがあった。その後には、3人の王、羊飼いなどの人形が出てきては聖母の前で礼拝し、贈り物を捧げては他の戸口から消えていく仕掛けになっていた。こうしたものの好例は、いまだにヴェネチアのサンマルコ広場の時計塔で見ることができる。街々の時計がすぐにこの形式を踏襲したが、宗教的な人物たちは、王、騎士、トランペット奏者や鳥、他の動物などに代えられていた。こうした時計は、どんどん小さく精巧になるオートマトンを裕福な顧客に売っていた時計職人のアイデアの源になっていた。装置がより複雑になっていくと、それらの時計としての働きの重要度は下がり、オートマトンは機械芝居や動く風景として初の機械式の最先端の娯楽となった。

オートマトンの中でも人気があったものに、精巧なぜんまい仕掛けを背後や額縁内に組み込んでいろいろな部分を動かす機械仕掛けの絵があった。また話の種になるように、テーブルで使われる飾りを模したものもあった。それらは食卓用のナイフやスプーン、ナプキンや調味料などを収めるもので、ワインや水の注ぎ口がついており、動く人形や動物の飾りやしばしば時計もついていた。ドイツのオートマトン職人ハンス・シュロットハイムが皇帝ルドルフ2世のために作った傑作は、いまでも大英博物館に展示されている。

オートマトンのデザインは、機械仕掛けの動物を作って自然を模倣する長い伝統から影響を受けている。例えばイタリアの芸術家で発明家でもあったレオナルド・ダ・ヴィンチは、鳥を模倣した空飛ぶ機械を製作し、また機械仕掛けのライオンも作ったと言われている。彼と同時代の15世紀のドイツの「レギオモンタヌス」として知られるヨハン・ミュラーは、マクシミリアン皇帝に鉄製のハエと機械仕掛けのワシを献上し、それらは皇帝がニュールンベルクの市街の門に入場するときの付き添いとして使われ有名だったが、どんなものだったかははっきりしない。少し話の怪しいものとしては、ナポリのヴィルギリウス司教が作った真鍮製のハエがある。それが町のハエを追い払い、おかげで町には8年間ハエがいなくなったとされる。

こうした逸話に刺激されたオートマトンの製造者は、まるで生き物のように動くことのできる機械作りに嬉々として挑戦した。オルゴールや嗅ぎタバコ入れから鳥や踊る人形が現れるものや、さまざまな動物を模した機械が作られた。18世紀英国のオートマトン職人のジェームズ・コックスは、ダイヤモンドやルビー、エメラルドや真珠をちりばめた8フィートもある機械仕掛けの象を作った。コックスはオートマトンや時計作りで名を馳せ、多くの作品は東インド会社によって中国への貢物として使われた。その他にも彼は、機械仕掛けの虎や孔雀、白鳥なども作っていた。

オートマトンはときには、あまりに生き物らしく見えてしまい、1730年代にフランスのルイ15世の宮廷で披露されたハープシコード奏者の人形は、その音楽の才で観客を魅了した。王はこれほど魅力的な音楽を人のように奏でることのできる機械の中身を見たいと言い張り、結局は機械の中に5歳の女の子が隠れていることがわかった。

その他の有名な（かつ本物の）オートマトンには、スイスの時計職人一家の出のアンリ＝ルイ・ジャケ＝ドローの作った、作家、製図屋、ハープシコード奏者などがある。文を書いたり、図を描いたり、音楽を奏でるといったオートマトンの動きは、軸に取りつけられたカムと呼ばれる不定形な円盤を使ってプログラムされていた。軸が回転すると、カムにバネで押さえつけられているレバーが上下に動き、オートマトンのいろいろな部分とつながった棒を押したり引いたりしてその動きを制御した。こうしたさまざまなカムの形を念入りに整えることによって、オートマトンに生き物のように整った非常に優雅で微細な動きをさせるようプログラムすることができた。これに似た、字を書くオートマトンは、1750年代にオーストリア＝ハンガリー帝国のマリア・テレジアのために、オーストリアの発明家でタイプライターを発明したことでも有名なフリードリッヒ・フォン・クナウスが製作したものがある。

こうした常軌を逸した珍妙な仕掛けを買えるのは金持ちだけだったので、オートマトンの製作者は上流社会に入り込み、結局は王や女王、皇帝などに直接召し抱えられることになった。オートマトンを製作することは、自分の力を示して名誉を得るためにパトロンを探している真面目な時計職人や技術者、科学者などにとっての登竜門となり、機械玩具を製作することが栄誉や金銭的な成功にもつながった。こうした例で最も有名なのが、フランスのジャック・ド・ヴォーカンソンだろう。彼の発明品は18世紀半ばのヨーロッパを席捲し、オートマトン製作者としての名声のおかげで、彼はエンターテインメントや工業、科学の領域の間を絶え間なく行き来することができた。

ヴォーカンソンは1709年に10人兄弟の末っ子として生まれ、修道士になるべくグルノーブルのジェズイット派の大学で神学を学んだ。彼は機械式の玩具作りも好きだったが、これが自分の宗教的な使命とは相容れないことに気づいた。ある言い伝えによると、彼が作った天使の姿をして飛ぶ玩具が目上の修道士たちを怒らせたといわれ、また別の話によると、彼の作った卓上オートマトンのせいで、彼の入っている宗派のある高僧といざこざを起こしたという。真相はともあれ、彼は宗教的な職業と精巧な機械への情熱のどちらかを選ばなくてはならなくなり、宗教的な人生は諦めてオートマトン作りに邁進することに決めた。

他のオートマトン製作者と同様、ヴォーカンソンも呼吸や消化、血液の循環といった生物の自然の営みを真似することのできる機械に格別の興味を持っていた。彼の究極の目標は、人工的な人間を作ることだった。しかしヴォーカンソンはすぐに、この目標を追求するには、まず「一般の人々の興味をかきたてるような機械を作って」自分の才能を商業的に開花させて資金を集めなくてはならないことに気づいた。特にパリやロンドンではオートマトンの展示の人気が上昇しており、一般人がとうてい買えないようなさまざまな精巧な機械を、誰もが見物できるチャンスが増えていた。

ヴォーカンソンが最初に一般向けに披露したオートマトンは、フルート吹きの格好をしていた。1735年のある日にパリの公園を歩いていたとき、彼はフルートを吹いている少年の銅像に遭遇し、それに刺激されて実際にメロディを奏でる動く彫像を作ったのだ。このオートマトンを作るヴォーカンソンの第一の目的は、人間の呼吸システムを調べることだったので、彼はフルートを吹くための人工的な肺、気管、唇などをつけた。肺は回転式のクランクで動き、低、中、高の3つの圧力の空気の流れを定常的に発生できるジャバラで構成されていた。それぞれの圧力のジャバラが気管に送り込む空気の量を調整するための一連のバルブがあり、また口の側にも舌の役割をする空気の流れを調整するバルブがついていた。これらのバルブの動きは指や唇の動きと連動しており、回転式のドラムの表面に乗った、バネのついたレバーで制御されていた。ドラムの表面には小さな鋲が打ってあり、レバーの一端がその上を通過するごとに上下運動が起き、オートマトンの指や唇がそれに連動して動いた。つまりこのオートマトンの複雑な動きは、あらかじめドラムの上に適切な配列で鋲を打っておくことで、事前にプログラムできるということだった。そこでこのオートマトンは、複雑なメロディを奏で、人間のフルート吹きのほとんどあらゆる息遣いや音楽的表現を真似ることができたのだ。

ヴォーカンソンはこのフルート奏者を1737年10月にパリで一般公開したが、あっという間に成功を収めた。ルイ15世の宮廷を欺いたオートマトンのこともあったので、ヴォーカンソンは次に、当時の世界最先端の科学者の集まりであるパリの科学アカデミーにこのフルート奏者を持ち込んで、これがいんちきでないかを詳細に検査してもらうことにした。フランスのジュヴィニーという政治家の書いたものによると、「最初に多くの人々は、実際の音がオートマトンの持っているフルートから出ているとは信じられなかった。その人形の体内に埋め込まれたオルガンから音が出ていると信じていたのだ。しかし最も疑い深かった人も、すぐに唇から出てくる息でフルートの音が出ており、指の動きによって違う音程が出ていることを確信した。この機械はさらにもっと詳細な検査と厳密なテストを受けることになり、観客はその動きを追うために最も内部にあるバネまで見ることが許された」ということだった。それによってヴォーカンソンのフルート吹きは完全な本物のオートマトンであることが証明された。他のオートマトンがいんちきを使ってみせていたものを、ヴォーカンソンは工夫を凝らした最新の機械テクノロジーの組み合わせで実現していたのだ。

彼はまた数カ月して2つ目のオートマトンを完成させた。今回は少年が片手で笛を吹き、もう一方の手でドラムを叩くものだった。1つの手だけで3つの穴の開いた笛を吹くのだが、それが奏でる音は、もっとずっと息の圧力や舌の使い方やオートマトンの指の位置に依存するものだった。つまりそれはヴォーカンソンにとって、人間の微妙な技を真似る難しい挑戦だったのだ。しかしヴォーカンソンの最も有名なオートマトンとなったのは、３つ目の、消化の機構をモデル化したものだった。彼はそれを人型にすることはせず、動物の形で真似することとし、機械仕掛けのアヒルを作った。

彼は同僚に手紙を送り、このオートマトンは「銅メッキをかけた人工アヒルで、生きているアヒルのように飲み、食べ、鳴き、水上で羽ばたき、食物を消化する」ものと紹介した。このアヒルは首を伸ばして観客の手から穀物をもらい、それを飲み込んで消化して糞をした。アヒルの羽は解剖学的に本物を完璧にコピーしたもので、骨は金属で作られて羽で装飾されていた。このアヒルは羽をばたばたさせてゆるやかな風を起こすことさえできた。観客はこのアヒルの非常に生物的な動きに感銘を受けていたが、ヴォーカンソンが主に興味を持っていたのはその内部だった。アヒルの体内には消化を真似るために、穀物を分解する人工的な胃があって、分解されたものはチューブを通って外に出された。このオートマトンを製作する過程で、ヴォーカンソンはゴムを使ったチューブ作りの先駆者になった。

アヒルのオートマトンはヴォーカンソンの他の作品同様に、木製の台座の上に備えつけられており、その中に入った機械類が大きな柱時計のような錘の引っ張る力で動いた。錘

ヴォーカンソンのフルート吹きとアヒルのオートマトンを描いたアルベール・シャローの石版画

は吊り下げられた紐の端についており、その紐がドラムに巻かれていた。錘が落ちていくとドラムが回り、それによってカムとレバーを使った精巧なシステムを使ったアヒルの動きが生じた。ジュヴィニーの言葉によれば、「この人工的なアヒルが誰かの手から餌を食べ、皿に入った水を飲んでバシャバシャ飛び散らせ、糞を出し、羽を広げて羽ばたくなど、生きたアヒルのすべての動きを真似ている間に、誰もがこの台座の中を見ることができた。この中には車輪やレバーがすべて入っており、それらがアヒルの足を通ってワイヤーで他のすべての部分とつながっており、それらもまた観察できた。フルート吹きの例と同じく、それらすべてを始動し動かし続ける力の源はただ一つの錘だけだった」。

ヴォルテールが「ヴォーカンソンはプロメテウスに果敢に立ち向かうライバル」とこの発明者を称えるほど、この驚異的な機械は称賛を受け、ヴォーカンソンはこれらの機械をフランスの英知と科学の進歩を代表する大使として、ヨーロッパ各地の宮廷に送り出すことを許された。ヴォーカンソンはパリの科学アカデミーの会員となり、プロシア王のフリードリッヒ2世に１万２０００リーブルという破格の給与で仕事の依頼をされ、フランス王ルイ15世からはギアナまで新しいゴムのチューブを開発するための探検隊に加わるチャンスさえもらった。

それにもかかわらず、ヴォーカンソンはフランスに留まり、人工人間を作るという目標を追い続けた。彼はそれが完成した暁には、そのオートマトンを「動物的機能の実験を行うために使って、人間の健康のいろいろな状態の違いを導き出して病気を治す」のに用いようと考えていた。しかしこの野心的な計画は、１７４１年にフランスの機織工業を近代化するために彼の機械を作る才能を生かしてほしいと、ヴォーカンソンが政府から製造業の検査官という金になる地位を与えられたために頓挫してしまった。彼は製造業の手法や仕事のやり方を変革するために周到な計画を練り上げた。しかし彼の計画は、それを試すことになっていたリヨンの町の絹糸職人が聞き出して、自分たちがただ工場に集められて生産ラインでつらい仕事を押しつけられることになると反発したため、破棄されてしまった。彼らは自分たちが巨大なオートマトンの部品にされることに反発して町で暴れたため、ヴォーカンソンは修道士に変装して命からがら逃げ出すはめになった。

パリに帰ったヴォーカンソンは、もう人目につく仕事からは手を引くことにした。1743年、彼が自作のオートマトン3台をリヨンの商業組合に売却すると、そこがロンドンのヘイマーケットやその後のヨーロッパ全域での興行を行った。ヴォーカンソンはパリの科学アカデミーで新しい機械発明の審査官に任命され、余生を旋盤や碾《ひ》き臼、掘削機などの多くの発明をして過ごした。彼はまた継ぎ目のないチェーンを作る機械を考案し、人の手を介さなくても絹を織ることのできる動力織機の研究を長年にわたって行った。ヴォーカンソンはその機械について「1頭の馬や牡牛、ロバが、最も優れた絹織り職人より、もっと美しく完全な織物を作ることができ……それぞれの機械が毎日、いちばん優秀な職人が休まず働き続けたぐらいの仕事をこなせる」ものであると主張している。しかし彼の織機は実験段階から先に進むことはなく、織物業界で使われることはなかった。ヴォーカンソンはまた人工人間も作ることはなかった。しかし彼は一般大衆にオートマトンへの関心を喚起した張本人だった。彼の仕事はそれ以降の発明に道を開き、他のオートマトン製作者にインスピレーションを与えることになった。その中の1人に、ヴォルフガング・フォ

ヴォルフガング・フォン・ケンペレン

ン・ケンペレンがいた。

ヴォルフガング・フォン・ケンペレンはマリア・テレジアの上級官吏として、女帝のいるウィーンの宮廷で披露されたオートマトンの行進や、音楽を奏でるオートマトンや機械仕掛けの動物、他の凝った仕掛けなどの科学的な娯楽を見ていたに違いない。しかし彼は通常の観察者とは違い、始めたのは遅いものの、物理、機械、水力などの基本について独学で学んでいた。ということで、さまざまなオートマトンがどう動いているのかを評価でき、どういうものが観客の関心をいちばん引くのかも観察することができた。いつごろからか彼は、自分のオートマトンの計画を孵化させる作業を始めていた。

ケンペレンは通常のオートマトン職人とは違い、裕福な官吏として、日々の退屈で決まりきった使命の先に何か挑戦できないかと考えていた。彼のキャリアは十分なものだったが、彼ほどの広い見識を持つ者には、宮廷での生活は刺激に欠けていた。

1734年生まれのケンペレンは、若い頃にはウィーンで哲学と法律を学んでいた。そして1755年に税関の官吏を引退した父親のエンゲルバートの計らいで宮廷に入る前に、イタリアの芸術の聖地を回っていた。当時のケンペレンは21歳で、たいへんな美男子でいくつもの言葉を操り、誰にも強烈な印象を与えた。彼はハンガリーの民法をラテン語から、マリア・テレジアが新しく統一したオーストリア＝ハンガリー帝国の公用語であるドイツ語へ翻訳するという重要な使命を授かった。ケンペレンは自分の居所にこもり、その仕事を数日で完成させた。彼の翻訳は傑作と称賛され、複雑な文章をミスもなく短時間で完成させたことが驚嘆に値するとされた。ケンペレンはすぐに皇帝の宮廷で顧問に任命され、父親のもらっていた給料の3倍を支給された。彼の任命を証拠づける公文書の中で、マリア・テレジアは「ハンガリーの宮廷は若きケンペレン氏より多大な恩恵を受けるだろう」と書いている。

ケンペレンは実際に、宮廷にとって価値のある人材で、よく動き仕事全般を良心的にこなし、個人的にも魅力的で社交的だった。1757年9月には、運気は急速に高まり、宮廷の女官と結婚し、そのすぐ後にもっと出世した。しかしケンペレンの妻フランチスカは、数週間後に突然死んでしまった。ショックと悲しみに打ちひしがれたケンペレンは、自分の趣味である科学研究に逃避した。彼は裕福だったので、実験室で必要な材料は何でも手に入れることができ、空いた時間はすべて研究と実験に充てた。すぐに最新の科学機器一式を手に入れ、指物師や鍛冶屋や時計屋の使う木や金属を加工する道具を揃えた。彼の仕事場のすぐ隣りには書斎があり、本や骨董品や彫刻が並んでいた。ケンペレンの友人の1人は「彼のもっぱらの情熱は発明で、仕事の合間にできた時間をほとんどすべて注ぎ込んでいた」と述べている。

ケンペレンの科学や機械に対する興味が増すにつれ、宮廷における地位も上がっていった。1758年に彼はトランシルヴァニアにある帝国の塩鉱山の管理人に任命され、1766年にはその鉱山の指揮官に昇格し、その頃までには再婚していた。彼は今や自分の科学的知識を実務に使える自信があり、鉱山が洪水で水浸しになった際に水をくみ上げるポンプのシステムを考案した。この計画は成功し、彼は自分の故郷であるハンガリーの首都プレスブルクにある城の上水道のデザインをするよう頼まれた（プレスブルクはハンガリー語でポジョニと呼ばれ、現在のスロバキア共和国のブラチスラヴァにあたる）。

1768年にケンペレンは、ハンガリーの山岳地帯バナット地方の開拓の調整役という大任を仰せつかった。バナットにいる間に彼は地元の不可解な事件を解決して、間違って

マリア・テレジア

収監されていた何人かの人を解放した。彼はまた村の建設計画を立てて家の設計を行い、その後3年以上にわたって何千もの家族が移住してきた。その期間中ケンペレンはバナットでかなりの時間を過ごしていたが、仕事の進捗状況を報告するために頻繁にウィーンにも出向いていた。1769年の秋のこうした訪問中に、彼はマリア・テレジアに宮廷で開催される科学的な奇術ショーに招待された。その夜の出演者はフランスから来たペレティエだった。

マリア・テレジアは特に科学に関心が高く、当時としては異例なほど啓蒙的な人だった。例えば彼女が即位するとすぐに、吸血鬼や魔女として過度に人々を迫害することを断固退けた。あるときは、魔法使いだとして有罪となり断頭の刑に処せられることになっていた男に恩赦を与え「魔法使いは無知があるところにしか見つからない。この男は私以上に魔法など使えない」と宣言した。

彼女はまた天然痘への接種を推奨した。1767年にウィーンで天然痘が大流行した際には、彼女の家族が何人か死にそうになったが、女帝は自分の息子に接種し、何十人もの貧乏人の子どもにも接種するよう手当てした。

女帝は科学者の間でのケンペレンの評判が高まっていることを聞き及んでおり、ペレティエの奇術の仕掛けを説明してほしいと望んでいた。ケンペレンは尋ねられれば、飽きることなく技術的な事柄を説明するのがうまかったが、彼の「驚くほど流暢な」説明を称賛する友人の1人は、「会話がその話になってこなければ、自分がいちばん熱を入れている機械学であっても、その話題を喋ることはめったになかった」と述べている。ケンペレンは女帝にその奇術師のトリックをできる限り説明することに同意し、観客の中で女帝に近いところに席を取った。有名なパリの科学アカデミーの会員であるとされるペレティエは、奇術の準備を終えて開始の合図をした。マリア・テレジアが頷くと、ショーが始まった。

ペレティエが行った「磁力ゲーム」なるものは、正確にどんなものだったかは不明だ。しかし彼が行っていたことは、今日の科学の講義と奇術のショーの関係に近いものだっただろう。多分、化学反応、爆発、磁石のデモやたくさんのオートマトンを使ったトリックが出てくる出し物と思われる。科学的なデモとオートマトンを昔ながらの奇術と一緒に見せれば、ショー全体に科学的な味つけができる。当時の奇術師は自分たちのトリックは「自然の」（もしくは白い）魔術であるとやっきになって主張していた。自然の法則に反するもの、悪魔の介在する「超自然の」（もしくは黒い）魔術ではない、と。

そのショーを通してケンペレンは女帝と歓談しながら、自分の科学的知識を使ってそのトリックの仕組みを説いていた。彼は自分の見たものにまるで感銘は受けなかった。実際のところそのフランス人が、フランスこそが他のヨーロッパの諸国に科学を教える立場にあるというような慇懃無礼な態度を取っているのに少々イライラしていた。そのショーが終了するとマリア・テレジアはケンペレンに、「そなたの科学知識をもってそのショーをどう評価するか」と尋ねた。その場にいた皆が驚いたことに、ケンペレンは冷静に、「陛下がいまちょうど目にされたものより、自分ならもっと驚くような効果を発揮し完璧に人を騙せるような機械を作れると信じております」と言った。

ケンペレンは信頼の置ける真面目な人として知られていたので、この衝動的な主張は彼らしくないと人々の笑いを誘うことになった。しかしケンペレンは冗談を言っていたのではなかった。女帝はこのように豪語されても何の説明もなければ、国の威信に関わると考えた。そこで彼女はケンペレンのバナットとウィーンでの公務を6カ月免除して、彼が主張したようなヨーロッパのどの国の宮廷で披露されたどんなオートマトンより優れたものを届けるように命じた。彼はきちんと披露できるまでは戻らないことに同意した。

ケンペレンは2番目の妻アンナ・マリアと彼らの幼い娘テレサが住むプレスブルクの家に帰った。通常の仕事を投げ打って、彼は自分の仕事場にこもって、その後何カ月か木や真鍮、機械仕掛けの部品を組み合わせて、チェスを指すオートマトンを作り、それが意外なことに彼の名を歴史に残すこととなった。与えられた6カ月が過ぎて、ケンペレンは自分のオートマトンをウィーンに披露するために運ぶ用意ができた。約束を守りペレティエを出し抜き、女帝を感心させれば、十分な褒美が期待できた。しかし事はケンペレンが想像したとおりには運ばなかった。

第2章 タークのオープニング

クイーン側のナイトのオープニング（e4 e5 Nc3）：オープニングで白がキングの前のポーンとクイーン側のナイトを動かすこと。ウィーン・ゲームとしても知られている。

機械職人がこれまで考えついた最も大胆なアイデアとは明らかに、すべての創造物の形や動きをただ真似するだけのことを超えた機械を作ることだ。フォン・ケンペレン氏がこうした計画を立てたばかりか実行に移したチェスプレイヤーは、誰にも異論の余地がないほどの、いままで存在した中で最も驚くべきオートマトンだった。

――カール・ゴットリープ・フォン・ウィンディシュ『ケンペレンのチェスプレイヤーについての手紙』（1783）に寄せたクレティアン・ド・メシェルの序文より

ヴォルフガング・フォン・ケンペレンは多才な人だった。言葉や経営、技術的な才能以外にも興行師としての特異な才を発揮した。ケンペレンがウィーンの宮廷でのチェスを指すオートマトンをデビューさせる際に行った舞台は、少し変更すればそのままその後何十年も観客を沸かすのに使えるようなものだった。

そのオートマトンのデビューは1770年の春で、女帝をはじめとした選ばれた人々の集まりでのことだった。観客の多くは多分、6ヵ月前の奇術師のショーにも参加しており、ケンペレンが大胆な発言をしたことを知っていて、まさに彼が恥をかくことを望んでいたことだろう。

マリア・テレジアが開始を宣言すると、ケンペレンは側室に準備した台車つきのオートマトンを、観客が近くで検分できるところまで押してきた。それは木製の飾りキャビネットと、その後ろに座った、木を削って作った等身大の人形から成っており、その人形はイタチの毛皮で縁取りされたローブとゆるめのズボンをはいてターバンをかぶった、いわゆる伝統的な東洋の魔術師の格好をしていた。この衣装は当時では非常にファッショナブルなもので、エレガンスとエキゾチックな香りが交じった魅惑的なトルコ風スタイルとして、ウィーンで広く流行していたものだった。ウィーンではトルコ・コーヒーを飲むことが大流行し、召使にトルコ風の衣装を着せ、当時の音楽にも多分、トルコ風の要素（太鼓やシンバル）が取り入れられていた。スタイルの面ばかりか、トルコ風の身なりはチェスを指せることをほのめかすものだった。というのもチェスは、西暦700年から1000年頃にかけてペルシアからヨーロッパに到達したからだ。

飾りキャビネットは横4フィート、奥行き2・5フィートで高さは3フィートあり、下には角に4つの真鍮のキャスターがついて、そのおかげで床から少し浮いて見えた。ということは、座った人形と一緒にどの方向にも動かして回転することができ、全体の仕掛けをどの角度からも眺めることができた。キャビネットの正面には等間隔に区切られた3つのドアがついており、その下には長い引き出しがあった。木の人形は右手をキャビネットの表面に伸ばしており、その目は上面に取りつけられた大きなチェス盤にずっと注がれていた。そして左手には長いトルコ風のパイプが、まさに吸い終わった直後のように握られていた。

観客のほうへ一歩進み出たケンペレンは、これまでに見たこともない機械、つまりチェスを指すオートマトンを作ったと紹介した。疑いに満ちた囁きが観客の間を駆けめぐった。ケンペレンはオートマトンのデモを始める前に、その内部の様子について説明をすると言った。彼はポケットから鍵の束を取り出すと、その1つを使って正面左にある扉に差し込んだ。ケンペレンがこの扉を開けると、中から車輪、歯車、レバーや時計の機械を詰め込んだ凝った仕掛けが現れ、とりわけその中で目を引いたのは、表面に飾り鋲が複雑に配置された、オルゴールの中に入っているような水平に置かれた円筒形の部品だった。観客が仔細にそれらの動きを観察していると、ケンペレンは歩いてキャビネットの後ろ側に回った。そしてその機械の背面にある扉に鍵を挿してそのまま開いた。そして彼はロウソクに火をつけて背面にかざし、そのちらつく光が凝った機械を通して見えるようにした。見物人がキャビネットを通した光を確かめると、ケンペレンは背面の扉を閉めた。

オートマトンの正面側にとって返したケンペレンは、幅広の引き出しの鍵を開けて中から赤と白のチェスの駒を取り出してキャビネットの上に並べた。そして次にはキャビネットの正面にある全体の3分の2の主要な部分を占める残りの扉を開いてみせると、中には赤いクッションと小さな木の箱、金色の文字が書かれた板が入っていた。ケンペレンはそれらをオートマトンの脇に置いた小さな机の上に並べ、扉は開けたままにしておき、観客がその中をじっくり観察できるようにしておいた。そこは暗い色の布で裏打ちされており、ほとんどの部分は空で、その脇には金属の車輪と円筒形の部品があり、水平方向に2つの真鍮製の四分儀のようなものが見えた。

ケンペレンはまたオートマトンの背面に回って、キャビネットの裏側にあって主要部分に通じるもう1つの扉を開けた。そうするとキャビネットの主な部分を見通せるようにな

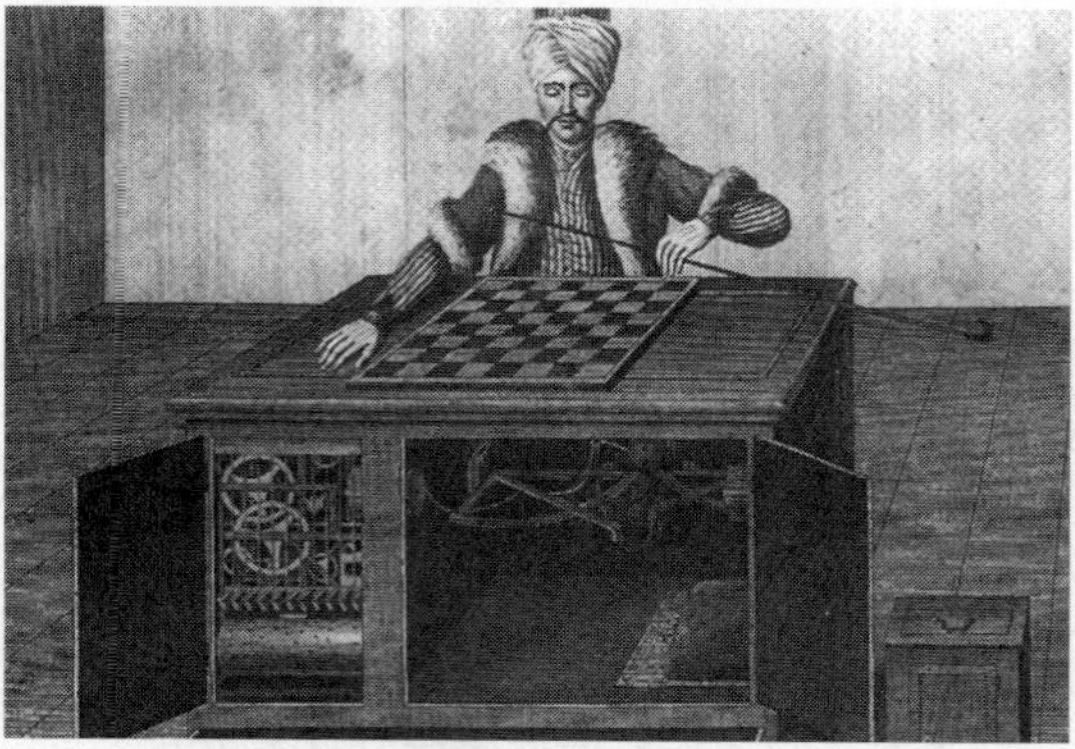

カール・ゴットリープ・フォン・ウィンディシュが描いた、扉を開けた状態のタークの版画

り、ケンペレンはロウソクを灯して背面から照らし、そこが観客に見えるようにした。そのロウソクをかざしたまま、彼はそれを主要部分の中に後ろから差し入れ、暗がりになった隅の部分も照らされて見えるようにした。

扉と引き出しを開けたままの状態で、ケンペレンはそのオートマトンを回すと、扉はばたばたと揺れ、トルコ人の人形の背が観客に向いた。人形の衣装をたくし上げてその頭にかぶせると、人形の左の太ももと背中にも2つの小さな扉があり、それを開けるとまた機械仕掛けの部品が見えた。そしてオートマトンをまたぐるっと回転させると、観客は誰もがあらゆる方向からすべてをはっきり観察することができた。その

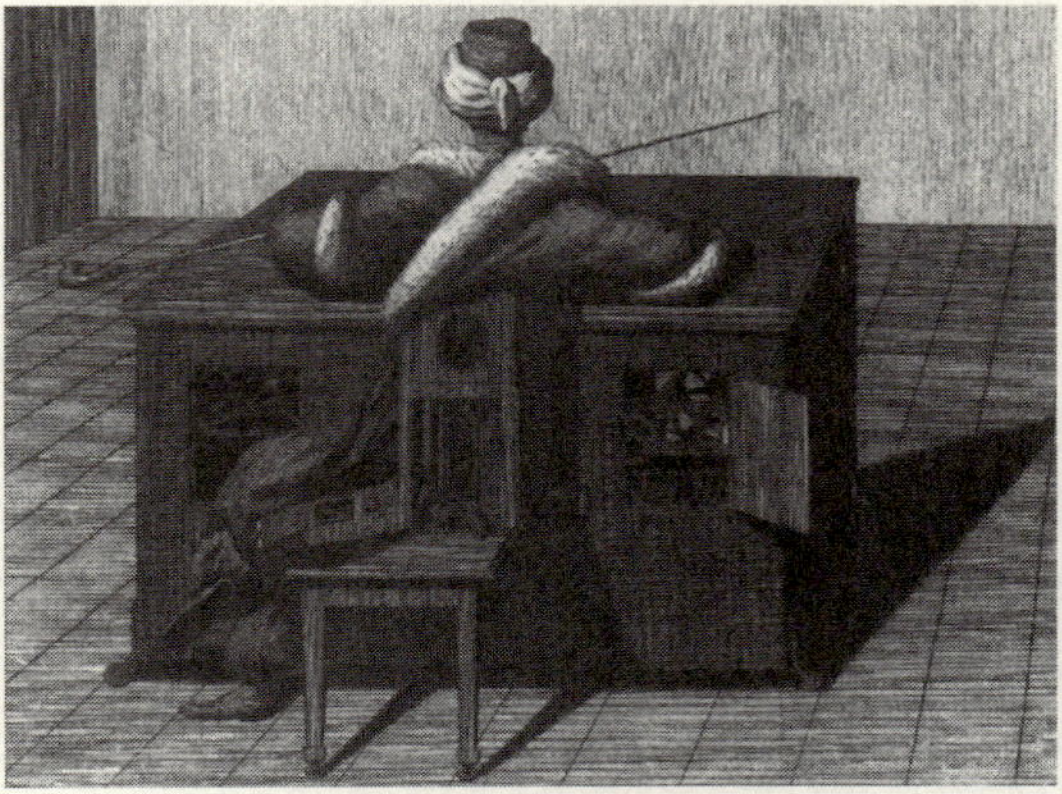

ウィンディシュが描いたタークを後ろから見た版画

後にケンペレンはすべての扉と引き出しを閉め、人形の衣装を元どおりにし、オートマトンを元の位置に戻して観客のほうを向かせた。彼はクッションを人形の左肘の下に敷き、左手に握られたパイプを取り去って、チェス盤の上の所定の位置に駒を並べ、キャビネットの中に手を突っ込んで機械の最終調整を行った。そして最後に3本のロウソクがついた燭台2つをキャビネットの上に配置して、チェス盤が照らされるようにした。

次にケンペレンはオートマトンの用意ができたので、一緒にチェスを指したい人を募ると言って、観客の中から廷臣のコベンツル伯爵が呼び出された。そこでケンペレンは、タークは先手として白い駒を操り、

カール・ゴットリープ・フォン・ウィンディシュが描いた、チェスを指すタークの版画

一度動かしたら元には戻せないことと、駒を動かしたときはそれぞれの盤の桝目の真ん中にきちんと置かなくてはならないと説明した。彼は、それはオートマトンが指を傷めずに駒をきちんと摑めるようにするためだと説明した。伯爵は頷いた。ケンペレンは次にオートマトンの左側に回り、キャビネットの開口部に大きな鍵を差し込んで、機械仕掛けの仕組みのぜんまいを巻き上げると、カタカタと大きな音が響いた。

ケンペレンがその動作を完了すると、緊張感に満ちた静寂があたりを支配した。そして一瞬の間が空いた後に、時計の時報が鳴る直前のようなブンブン、カタカタする機械の雑音が、オートマトンの内部から聞こえてきた。木彫りの人形はその時点まではまったく動いていなかったが、まるでチェス盤を検査するように、静かに頭を左右に振り始め、その動作が数秒続いた。機械仕掛けのタークに急に生気が宿り、あっけに取られた観客を尻目に左腕を伸ばしてチェスの駒の1つを摑んで前に動かした。観客は驚愕のあまり叫び声を上げた。そして試合が始まった。

それぞれの動きに際しては、タークの手袋をした左手がまずチェス盤の上を特定の駒の上まで動き、そして指がその駒を摑んで別の桝目まで動かした（もしくは相手の駒を取ると盤の外に移した）。動きを行うごとに、オートマトンは腕をクッションの上に戻して休止し、機械のカタカタいう音はやんだ。

タークは腕を動かすばかりか、試合中のある場面では頭も動かした。相手のクイーンを脅かすような動きをしたときは2回、キング にチェック（王手）をかけたときは3回頷いた。ナイトをビショップのように動かすなど相手が間違った動きをすると、タークは頭を振って相手の駒を元の位置に戻し、今度は自分の駒を動かした。したがって相手は自分の番を1回逸することになった。

10手から12手ごとに、ケンペレンはキャビネットの左側に回って、時計仕掛けのネジを巻いた。それ以外には彼は試合中のタークに触れることはなかったものの、その近くにいつも居て、ときどき中から取り出した木の箱の中を覗いていたが、その蓋は蝶番で止められており他人が外からは見られないようになっていた。ケンペレンはその箱の機能についてはわざと説明していなかったので、観客からはそれがタークを操る魔法の装置であるかのように見えた。

チェスを指すこの機械の外見は驚くほどのものではなかったが、タークのチェスの腕はなかなかのものだった。コベンツル伯爵はあっさりと負け、タークはその後の30分ほどの間に次々と攻撃的な試合を行ってほとんどの相手に打ち勝った。ケンペレンはさらに観客を喜ばそうと、オートマトンにチェスのパズルを解かせた。特にこのタークは、「ナイトのツアー」という古典的なパズルが得意だった。

「ナイトのツアー」とはチェスの歴史の中でも最も古いパズルで、チェスそのものの誕生以前から存在し、チェスにおけるナイトの動きはこのツアーから決まったとさえ言われている。そのパズルは解くのは難しいが規則は簡単だ。1つのナイト（L字型の特異な動きをする）が何もないチェス盤の上で、すべての桝目を一度だけ通るというものだ。ナイトが通ったチェス盤の上に印になるもの（例えば乾燥した豆など）を置いてやってみると、それがかなり難しいことがわかる。最終的に出発した場所にナイトを戻す、もっとたいへんな再帰ツアーというのもある。

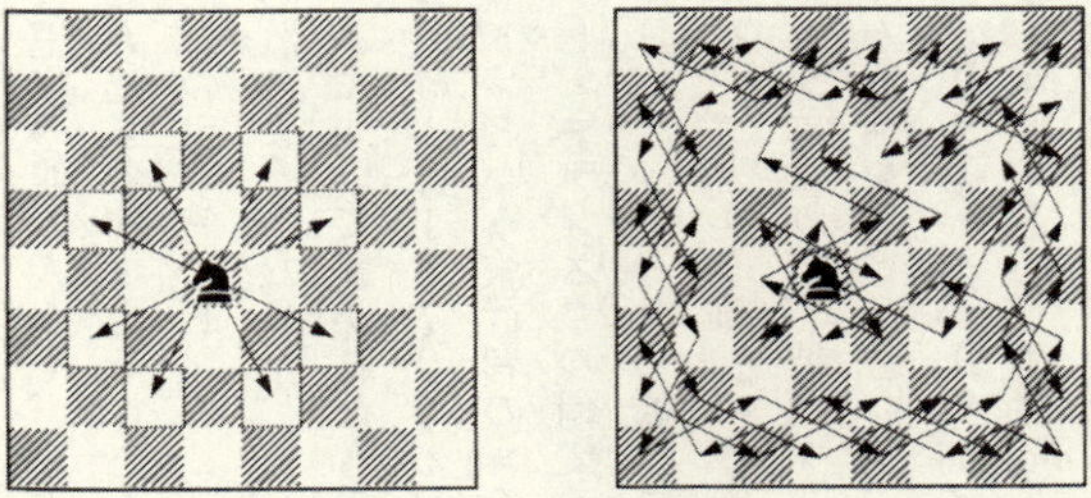

ナイトの動き（左）と、タークが解いた「ナイトのツアー」。ナイトはすべての桝目を一度だけ通り、最初の場所に戻ってくる。どの場所から始めても同じルールが適用される

「ナイトのツアー」を解くことは特に18世紀の数学者の間で注目され、ただ実際に動かしてみるのではなく、凝った解析法を使って解を見つけた人もいる。しかしただチェス盤を出されて、ある桝目を始点にやってみろと言われても、多くのチェスの指し手は困ってしまうだろう。しかしケンペレンの機械式のタークは、この複雑で繰り返しの多い作業を簡単に行った。観客の中から選ばれたある人が、チェス盤のどこかの桝目にナイトを置くように頼まれる。するとオートマトンはすぐに手を伸ばしてナイトを取り、チェス盤の各桝目を一度だけ通って動かし始める。そのとおりになっているかを確かめるため、その観客は出発点に白い印、その後に通った場所には赤い印を置くように言われる。

このタークのあっと驚く演技に驚愕し喜んだ女帝の命令で、ケンペレンと彼のオートマトンは王室の他の人々や、オーストリア＝ハンガリー帝国、他国の政府の大臣、宮廷を訪れた要人たちの前に出ることとなった。ケンペレンの常軌を逸した創造はウィーンの噂となり、このオートマトンのことを書いた記事が海外の新聞や雑誌に載ることで、さらに広く知られるようになった。

タークについて書かれたもので初期に広く知られていたのは、ウィーンでのデビューから数カ月経った1770年の夏にケンペレンの家でオートマトンのデモを見学した、ルイ・デュトンという旅行者のものだった。デュトンは7月24日にフランスの新聞『メルキュール・ド・フランス』の編集者に手紙を書いた。オートマトンについて書かれたこの手紙は、10月になってパリで紙面に掲載され、次にはロンドンで英訳され『ジェントルマンズ・マガジン』という雑誌にも出た。

デュトンによれば、彼はプレスブルクを訪問中にケンペレンと知り合い、彼の技術力にたいへん感銘を受けたという。「この紳士ほど機械に関する完全な知識を習得することは不可能に思える。彼が1年前に構築した、最も優れたチェスの指し手を相手に試合を行えるオートマトンというすばらしい機械を、いままで誰も作ることはできなかった」と彼は書いている。

デュトンはタークの外観について書いた後に、ケンペレンが喜んでその内部を見せた話に移り、「特にこの中に男の子でも入っているのではという疑いを、誰もが持たれるだろう。私は用心深く机と人形の細部を検査してみたが、そういう非難の余地はまるでないと確信した」と続けた。そして彼は、このオートマトンが英国大使、イタリア王子や何人かの英国の貴族と対戦したデモについても紹介している。彼の記述によれば、特にオートマトンの腕の動きが驚くほど正確で「それは腕を持ち上げ、チェス盤のあるほうに伸ばしていき、そこには動かすべき駒があり、肘を曲げて手をその駒の上まで持ってきて手を開き、近づけて手を閉じて駒を掴んで持ち上げ、動かす先の枡目まで持っていき、それが完了するとチェス盤の脇にあるクッションに腕を下ろす」と書いている。

タークと試合を行った多くの人のように、デュトンも間違った手を指したときにどう反応するかを試してみた。「私は小さなごまかしをやってみようと、クイーンにナイトの動きをさせてみた。しかし私の相手をしている機械はそれに騙されることなく、私のクイーンを元あった場所まで戻した」。また彼は、ただの機械がチェスで人間を打ち負かすという話に黙っていられない人がいることにも気づいた。「私はこのオートマトンほど迅速にかつ上手にチェスを指せず、それと比較されることで大いに侮辱されたという人に何人か出会った」。

デュトンはそのオートマトンを間近で何度も見て対戦する機会があったが、それがどのように動いているかは説明できなかった。「私は毎回注意して観察していたにもかかわらず、自分で納得できるような最低限の仮説さえ立てることができなかった」と彼は書いている。彼の説明によれば、ケンペレンは試合の間は歩き回り、だいたいオートマトンから5～6フィートの距離にはいるので、彼がオートマトンの動きに影響を与えているとは想像しがたい。彼によれば、ある人は「パリの大通りで行われていた見世物で、天然の磁石を使った同じような出し物を目撃した」としてタークが磁力によって操られているかもしれないと考えた。しかしデュトンはそれは疑わしいと思った。というのもケンペレンとは「この件については何度も話し、いちばん良くできた最強の磁石や、どんな重さの鉄の塊でも、机に好きなだけ近づけていいという話になったが、この機械はまるで何の影響も受けなかった」からだ。

デュトンの『メルキュール・ド・フランス』紙に出した手紙のせいで、他の通信員もそれがどう動いているかについての自分の意見を送ってくるようになり、紙面に手紙による意見交換が掲載されるようになった。ある若者は自分ではこのオートマトンを見たことはなかったが、機械は自発的に動くことはできないので中に子どもが隠れているのだと書き送ってきた。デュトンはこれに怒って、何人かの教養のある紳士が直接タークを観察して、その内側には子どもを隠すほどの空間はなく、「小さなサル」を入れる広さもないと反論を書いた。彼がこういう書き方をしたのは、その数カ月前にバグダッドのあるスルタンがチェスを指せるサルを飼っているという報道があり、そういうサルがケンペレンの機械の中に入れてあるということをにおわす人がいたからだ。デュトンはまた別の手紙への反論で、自分はケンペレンがオートマトンを操っていると信じていると強調した。彼ははっきりわからないものの、自分がその機械を調べた結果から、ケンペレンが磁気か細い糸で人形を操っていると判断したという。

この手紙のやり取りは、タークのその後のキャリアの中で何度も問題になった、機械が計画されていない動きを自発的にするのかというテーマを浮き彫りにしている。ほとんどのオートマトンはどっちみち同じ動きを何度も繰り返すだけで、タークが「ナイトのツアー」を機械的にただ繰り返すだけだったら、そうしたオートマトンの1つの例に過ぎなくなる。しかしタークは明らかに試合の間、人間の対戦相手の動きに対応する能力――最近の言葉で言うなら「インタラクティヴ」な能力――を持っており、これはそれ以前のオートマトンとは一線を画すものだった。デュトンは「車輪やバネは計画された動きしかしないが、未知の力がそれを制御している」と結論づけた。

デュトンの報告でヨーロッパ中にこのオートマトンのニュースは広まったが、そんな騒ぎになるとは思ってもいなかったケンペレンは当惑してしまった。しかしともかく、彼は目標を達成したのだ。タークの発明に感心した女帝は、ケンペレンをバナットから呼び戻し、気前よく彼の給与に年間の給料と同額を上乗せしてくれた。またタークのおかげでケンペレンの巧みな腕前が証明されたので、女帝は彼に宮廷での仕事以外に他の工学的な仕事をいくつか与えた。ケンペレンは1772年にはシェーンブルン宮殿の噴水を動かす複雑な水利システムを建設し、その2年後には健康のすぐれないマリア・テレジアのために、巧妙な機械式ベッド（実質的にはエレベーター）を作った。彼はまた橋を設計したり、運河建設のための装置を発明したり、蒸気機関の実験も行った。タークの成功によってケンペレンは官吏の仕事に並行して、工学者、また科学者としての仕事も始めることになった。

その後のケンペレンは、タークとはなるべく距離を置く生活をした。彼自身としては、タークはもう目標を達成していた。彼は他人には、オートマトンがデモをできないような故障を起こしたと話すようになったが、重要な人物のためには例外的にデモを行った。1774年3月に、スコットランドの貴族のロバート・マレー・キース卿がそのオートマトンをぜひ見たいというので、ケンペレンは移動の途中で壊れたオートマトンを2週間以内に修理すると手紙を送った。その月の終わりになってキース卿は友人に送った手紙の中で、彼と15人の宮廷人がプレスブルクにあるケンペレンの家を訪れて、「(ヨーロッパのすべての新聞で報じられた)目に見える代理人の助けはまるで借りずに、その中にも近くにも人間が隠れていないのにチェスを指す、有名なオートマトンを見にいく」と説明している。タークはその際2回の試合を行って、最初の試合は勝ったが、おかしなことに2回目は負けた。キース卿も他の多くの人同様に、タークがどのような仕組みで動いているのか説明できなかった。「あのオートマトンの奇妙なこと、それに完璧な動きをすることといったら喩えようもない。もしあの動きの原理が天然の磁石によるとしても、あまりにうまく隠されていてその秘密は想像さえつかない。そして磁石や鉄の棒をその動きを妨害するために持ってきても、それに何の影響も及ぼさないことも見て納得した」。明らかにキース卿にとってタークのショーは初めてのものだったが、彼は「このオートマトンはこの紳士の時間を取りすぎるので数年前にいったん分解されたが、私の個別の要請によってまた組み立てられた」と書いている。

ケンペレンは明らかに自分がタークの製作者であるという評判を隠したがっていた。彼の友人カール・ゴットリープ・フォン・ウィンディシュは、彼が「友人やさまざまな国から、この非常に有名な機械をぜひ見たいという要請を拒んでいた」と書いている。ケンペレンは自分がただの官吏で技術者であり、興行師ではないと主張していた。誰もその秘密を解くことができないことを誇りに思い、それを暴露する気もなかった彼は、そのオートマトンを誰にも売ることはしなかった。ウィンディシュによるとケンペレンは「その機械のおかげで得られた称賛によって報われ、その秘密を1人で握ることで当分は満足していたいと考え、この機械を入手することでいろいろな金儲けを企んでいる人からかなりの大金で買収の話を持ちかけられたが拒絶した」。

キース卿が訪問してから少ししてから、ケンペレンはオートマトンを解体し、何年かは埃をかぶったままにしておいた。1780年11月にマリア・テレジアが死去した頃には、そのことはすべて忘れ去られていた。ケンペレンはタークの仕事も終わったと思っていたが、実際のところそれは始まりに過ぎなかった。

第3章
最も魅惑的な仕掛け

パリ・オープニング（Ｎｈ３）：先手の白がキング側のナイトを盤面の中央ではなく端に移動するという変わったオープニング。

チェスの試合はただの暇つぶしではない。人生にとって重要な、精神的な資質が強化され、それを習慣化することでどんな場合にも役に立つ。なぜなら人生もチェスの一種のようなものであり、そこでは何か得るものがあり、競合者や反対するものと競い、いろいろ良いことも悪いこともあり、それらはある意味、その慎重さや必要性から生じるものである。チェスを指すことで、われわれはそうしたものを学べる。

――ベンジャミン・フランクリン『チェスの道徳』より

大成功を収めたデビューから10年以上が経った１７８１年、チェスを指すタークは、その創造者の家で解体されたまま打ち捨てられていた。ヴォルフガング・フォン・ケンペレンは、視覚障害者が使えるタイプライターや、人間の声を真似する機械を作る野心的な計画などに注意を向けていた。しかし引退していたタークは、やっかいなことにロシアのパーヴェル大公がウィーンを訪れる際に呼び戻されることとなった。パーヴェルはエカテリーナ大帝の息子で彼女の治世を継承する立場にあり、1781年9月に妻のマリア・フョードロヴナとヨーロッパ旅行に出かけ、ウィーンがその最初の主な逗留地となった。前年に死去したマリア・テレジアを継いだ皇帝ヨーゼフ2世は、ありとあらゆる権力を行使してこの訪問者によい印象を与えようとした。大公とその妻をもてなす、他には真似のできないすばらしい余興はないものか？　ヨーゼフは間もなく、数年前に熱狂的な話題となったチェスを指すオートマトンのことを思い出した。そこで彼はケンペレンに、ロシアからの一行が到着するまでにそのオートマトンを修理するよう正式に命令を出した。

自分のタークをまた作り直すことにケンペレンは複雑な思いがあったが、この要請に逆らう余地はなかった。そして5週間のうちにオートマトンを完全に修理して再び組み上げた。そしてウィーンに7週間逗留した大公とその妻の前で披露されたタークは、手放しの称賛を受けることとなり、大公はケンペレンにこのオートマトンをヨーロッパ中で見せるよう提案した。この話にはケンペレン以外の宮廷中が同意した。ヨーゼフ2世にこの巡業のために彼に2年間は官吏としての仕事を休むよう言い渡した。

ケンペレンはタークを再生するのにも乗り気ではなかったが、巡業して回る興行師のような仕事をさせられるのはもっと嫌だった。最初に彼はオートマトンを現地に送って先方の信用できる代理人に任せようと思っていたが、もし何か不具合が起きた場合には外国の職人に頼まなくてはならなくなり、その秘密を守りきれなくなることが心配だった。おまけに皇帝からの2年間の仕事の依頼は、実際はじきじきの命令だった。女帝が死んだということは、ケンペレンにとってのパトロンがいなくなったということで、つまり気前よく援助してくれる人がいなかった。そして彼の友人も指摘しているように、彼の宮廷における影響力も低下し、昇進もしなくなっていた。そこでケンペレンはいやいやながら、この旅に同意することとなった。

しかしオートマトンを改良して、旅に持っていけるように、それらを小分けにして詰めて送って、組み立て直せるようにするのに数週間を要した。ケンペレンは喋る機械を改良したかったが、その時間がなくなったことを残念がっていた。しかし1783年初頭には準備が完了してタークは巡業に出られる状態になった。ケンペレンの目には、オートマトンが自らの人生を歩み始めたように映ったに違いない。彼はそれを世界に送り出したが、今度はそれが彼の運命を操り始めていた。

18世紀のヨーロッパの全都市の中で、最もチェスが盛んだったのはパリとロンドンの2大都市だった。両都市ではその世紀の初めからコーヒーハウスなどでの余興としてチェス人気が高く、1770年代と80年代には最盛期を迎え、上流階級の間で大流行した。この2大都市のうちでウィーンに近いパリこそは、タークのヨーロッパツアーの最初の場所として当然訪れるべき場所だった。

1761年にフランスの作家ドゥニ・ディドロは「世界中でパリこそ、そしてパリのカフェ・ド・ラ・レジャンスこそ、最高のゲームが行われる場所だった」と書いている。カフェ・ド・ラ・レジャンスは1680年代に設立されたコーヒーハウスで、1740年代にはパリで最もチェス愛好者が頻繁に訪れる場所になっていた。このカフェの長年の常連客のインテリの中には、哲学者のヴォルテールやジャン＝ジャック・ルソー、アメリカの議員で科学者でもあったベンジャミン・フランクリン、それに若い頃のナポレオン・ボナパルトさえ含まれていた。このカフェで最もチェスが強かった1人レガル・ド・ケルムールは「痩せて顔色の悪い紳士で、長年いつも同じ席に同じ緑色のコートを着て座っていた」とある人が伝えている。しかし、最高位にいたのはレガルの生徒のフランソワ＝アンドレ・ダニカン・フィリドールで、おそらく当時の最も才能のあるチェスプレイヤーで、パリで最も強かったことは間違いない（フランスのチェス指しの間では厳密で仔細な序列があり、レガルとフィリドールは「第1位」、次の5人が「第2位」、それ以下は第3、第4、第5位の順にランクづけされていた)。

タークを箱に詰めて馬車に載せたヴォルフガング・ケンペレンと少数の側近（その中には妻のアンナ・マリア、娘のテレサ、息子のカール、下男のアントンなども含まれていた）は、1783年4月にパリに入った。この都市にはチャンスと同様に危険も存在した。彼のオートマトンはウィーンの宮廷の面々と対戦したときはかなり強かったが、ケンペレンはパリのチェス指しはもっと技量に長けていることに気づいていた。また彼のオートマトンが当時のヨーロッパを代表する科学アカデミーの面々によって仔細に調べられる可能性も高かった。そうした科学に長けた紳士たちは、ヨーロッパの誰よりもタークの秘密を見抜けるだけの技量を持っていたのだ。

ヴェルサイユにあるフランス宮廷の記録係ルイ・プティ・ド・バショーモンによってタークが4月17日に到着したと記録されている。「外国の新聞にチェスを指すオートマトンの噂が出ていたが、その話が絶えて久しい。それがちょうどパリに到着した。アントン氏という人がウィーンから持参し、それが21日の月曜日に初めて一般向けに展示される」と彼は書いている。ケンペレンは少なくともあるときには、自分でタークのデモを行うのではなく、アントンに手伝ってもらっていたのだ。バショーモンはタークについて簡単に書いた後に、「この見世物は以前に知られた、餌を消化するアヒルやフルート吹きなどのオートマトンのものよりはるかに優れている。身体的な動きを見せるだけではなく、高い知的な機能も披露する」と自信満々に結論づけている。

パリで一般に公開される前に、オートマトンはパリ近郊のヴェルサイユ宮殿にある宮廷で数日間を過ごした（ケンペレンはフランスの宮廷に入るのに何の苦労もなかった。というのもフランスの女王である不運なマリー・アントワネットは、ヨーゼフ2世の妹だったからだ）。タークは結局大人気を博し、ヴェルサイユには予定より長く逗留することになった。4月25日にはバショーモンは「アントン氏と彼のオートマトン」があまりに熱狂的な歓迎を受けて、まだパリに旅立っていないことを記録している。バショーモンはまた、ブイヨン公爵がオートマトンとの対戦を申し出て勝ったという話も書いている。バショーモンによれば、彼の勝利は技が優れていたからというより、「彼の対戦者がひとりよがりで、知性と華麗な動きをしようとしたため」とされている。この稀な負けのせいで、パリのチェス愛好家の間ではタークの能力を問題視する声が上がった。ある人は、大フィリドールその人との対決をすべきだという意見さえ述べた。

そしてタークはついに5月の初めにパリで、一般向けに少額の入場料を取って公開された。そこでタークは初めて一般人の目に触れまた挑戦を受けた。5月6日には、フランスの第2位の1人である弁護士のベルナールに負けた。その試合は大勢のしかるべき観客とビロン元帥やジーメンス公爵も臨席して行われ、終了後にベルナールはオートマトンの試合の流儀について感想を求められた。彼はオートマトンが機知に富む指し手であることを認め、第3位か4位の実力はあるかもしれないと言った。そして恰幅がよく動きのゆっくりしたベルナールはしばらく考えた後、観客の中にジーメンス公爵が居るのに気づき、「このオートマトンのチェスの腕前は公爵殿下と同じぐらいですな」と言い放った。この話はフランスの作家でパリの社会年代史家のフリードリッヒ・メルキオール・フォン・グリムが、友人のディドロに手紙で書き送ったもので、これによってベルナールの話は街全体に広まり、公爵はたいへん悔しい思いをすることになった。

グリムはこのオートマトンにたいへん感心し、「物理学や化学、機械学はわれわれの時代に、無知と野蛮の支配した時代の熱狂や迷信が生み出した以上のものを生み出した」と宣言した。そしてタークは「ヴォーカンソン氏がフルート吹きで耳にもたらしたものを、心や目に対してもたらした」と表現した。グリムはまたフィリドールができないだろう、「ナイトのツアー」さえ披露できることに注目した。そして何人もの専門の科学者が、それがどうやって動いているのかを見ようとやって来たことも報告している。しかし、「われわれの偉大なる科学者も最も優れた技術者も、オーストリアの同僚同様に、オートマト

ベンジャミン・フランクリン

ンの動きがどのように操られているのかを探り出すことはできなかった」と書いている。しかしグリムはバショーモンとは違って、そのオートマトンの動きを額面どおりには受け取らず、誰か人間のオペレーターがこっそり操作しているものだと信じていた。彼によれば「その機械は、何か知性のある存在によって継続的に制御されていなければ、事前には決定できないこれほど多くの異なった動きを実行することはできない」とされた。

パリに滞在中にケンペレンが特に会いたかったのは、アメリカの議員で科学者でもあるベンジャミン・フランクリンだった。1783年にフランクリンは、アメリカ独立戦争の終結を宣言するパリ条約の調印者として合衆国を正式に代表してフランスに来ていた。ケンペレンはウィーンを離れる前に、友人のヴァルトラバースにフランクリンへの紹介状を書いてもらっていた。ヴァルトラバースは紹介状の中で、ケンペレンは「誰に奨励されることもなく、機械の発明や改良に良いセンスと才能を授かった人」で、「きちんと理解して報酬を与える相手に対して、自分の最も大切な発明や実験結果のいくつかを持ち込みたいと思っている」と書いている。ケンペレンは、別の表現をするなら、ヨーロッパでのタークのツアーを、他の科学者に会って自分のアイデアや発明について論議し、自分を科学者の世界に売り込むチャンスと考えていたのだ。

ケンペレンにとって都合のいいことに、フランクリンはいろいろな興味を持つ人である上、偶然にもチェスの熱狂的ファンでもあった。実際にその入れ込みようはたいへんなもので、1日5時間も競技していることもあった。あるときにはそれが深夜に及び、試合が中断されないように新品のロウソクを買いにいかせ、長々と夜明けまで続けたり、またアメリカから届いた重要な手紙をチェスの試合が終わるまで開封しなかったりという逸話も残っている。彼はまた『チェスの道徳』という小冊子まで書いている。

5月28日にケンペレンはフランクリンに直接手紙を書き、アリーグル・ホテルにある自分の部屋に置いてあるチェスプレイヤーと製作途中の喋る機械の両方を見にきてほしいと招待した。フランクリンは数日後にやって来て、タークと対戦して負けた。この出会いについてフランクリンの資料の中には記録がないが、それは彼が負けて悔しかったせいだと考えれば少しは納得がいくかもしれない。しかし彼がタークに出会った間接的な証拠はある。１７８３年10月にフランクリンが友人から受け取った手紙に、以前にケンペレン自身から直接手紙をもらったことについて感謝している内容が書かれている。そして何年も経って、フランクリンの孫が、祖父がオートマトンとの試合を大いに楽しんだという話をしている。

パリでのタークの一般公開はその夏の間じゅう続いた。６月24日にはフランスの貴族クロイ公爵がその日記に「手持ちぶさただったので、チェスプレイヤーのオートマトンとやらを見にいった。わざわざ行った甲斐あり。それはそれはチャーミングな仕掛けで、完全に自立して動き、誰もわからないトリックを使うというなんとも奇妙なもの」と書いている。公爵はタークをカフェ・ド・ラ・レジャンスで見たのかもしれない。そこでタークはレガルと対戦して負けたと言われている。勝ったにせよ負けたにせよ、タークの周りはいつも黒山の人だかりだった。そして何週間も待ってやっとのこと、フィリドールとの対戦が行われることとなった。

フィリドールはロンドンからパリに帰ってきたばかりだった。彼はロンドンで毎年２月から５月まで、パルスローズというチェスのクラブで試合をしていた。彼はそこで１７８

2年5月に、一連の出し物の最初に、2人を相手に目隠しをしたままチェスを指すという芸当を行った。それは当時、驚異的な技だとされた。1783年5月28日には、今度は目隠しをしたまま3人を同時に相手にし、2人に勝って3人目とは引き分けた。あるロンドンの新聞は、「何度もこうした事実を見せられなくては、とても信じられないような、途方もない驚異」と紹介している。

彼は一般的には英国やフランス、またヨーロッパの他国でも最強のチェスプレイヤーとして知られているが、フィリドール自身は自分を音楽家だと思っていた。1726年生まれの彼は、音楽家一家の出で、少年の頃はヴェルサイユの王室の教会で聖歌隊の一員として歌っており、10歳のときに宮廷の音楽家からチェスを習い、その後にレガルの弟子になった（宮廷音楽家はカードやサイコロを使った賭博など偶然性のあるゲームをすることを禁じられていたが、チェスは許されており、6つもチェス盤がはめ込まれた長いテーブルが用意されていた）。1745年にロッテルダムに演奏旅行に行っているときに、ソリストが病気になってコンサートが中止になり、そのせいでフィリドールは生活のためにチェスに頼らざるを得なくなった。彼は才能のあるチェスプレイヤーだったが、彼の名前を本当に有名にしたのは1749年に『チェスの解析』というチェスの戦略を詳細にわかりやすく書いた本を出したからで、それはすぐに古典として認められるものになった。

フィリドールはまた並行して作曲家としての業績もある。少年の頃に作曲したものがルイ15世の前で演奏され、その後の仕事もヘンデルから評価された。彼の最も大衆受けした作品は喜歌劇《コミック・オペラ》だったがどれも収入には結びつかず、作曲家としての活動だけでなくチェスを教えたり目隠しチェスの対戦などの見世物にも出演したりすることになる。

フィリドールはへまもやり人好きのする性格だったが、少々ユーモアに欠けるところもあり、「常識はないが、天才そのもの」と言われたこともある。チェスを指している間はいつもそわそわしており、机の下で足を動かしていた。彼のチェスの指し方は非常に斬新で、チェスの戦術の中には彼の名前がついたものもある。特に彼はポーンの大切さを強調し、戦略上の犠牲を払うこともした。「フィリドールの犠牲」という名前は、ポーンの位置を優位にするためにナイトやビショップを取らせる戦術を指す。それに「フィリドールの遺産」という大胆な手も、彼の名を冠したものだ。それは最強の駒であるクイーンを犠牲にする大胆な動きを組み合わせた攻撃で、次の一手で詰み（チェックメイト）に持ち込むものだ。

フィリドールがタークと対戦することに同意したことは、ケンペレンにとって大成功だったが、彼はチェスの巨匠をやっつけることにもっと価値があるとわかっていた。フィリドールの長男アンドレが、ちょっと信じがたい話を伝えている。ケンペレンが試合の前日

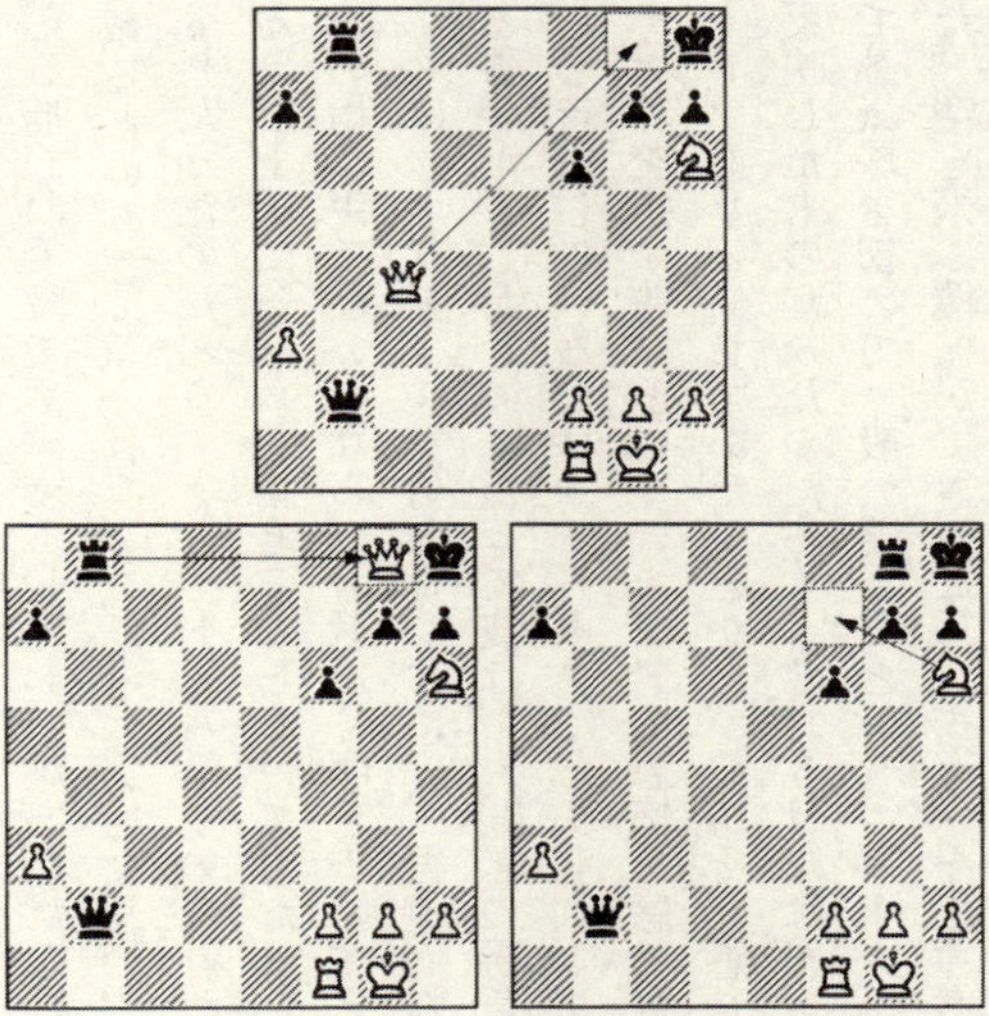

「フィリドールの遺産」によるチェックメイト。白は優位で、クイーンを使って黒のキングを攻撃する。黒はルークを使って白のクイーンを取る。それによって黒のキングが動けなくなり、白のナイトがチェックメイトをかける（窒息メイト）。こうして白のクイーンの犠牲が勝利を導く

にフィリドールのところにやって来て、「私は貴殿もご存知のとおり奇術師ではないし、オートマトンは私より強くはありません」と変な提案をしたというのだ。「それは現在の私の生活を支える唯一の手段です。オートマトンがあなたを打ち負かしたことを発表してそれが新聞に載るということが、私にとってどんなに意味があることかを察してください」と言うつもりだったのだろう。フィリドールはうぬぼれた男ではないので、その機械が勝利に値するほど上手にチェスを指せるなら負けてもかまわない、と表面上は同意した。しかし相手が強い指し手でないのなら、容赦なく叩きのめすとも言った。

明らかにタークはフィリドールを打ち負かすには、程遠い強さでしかなく、フィリドールはやすやすと勝った。しかし後になって彼は、人間との勝負でもあんなに疲れたことはいまだなかったと告白している。フィリドールはどうもタークは正真正銘の機械であると信じており、チェスを指す機械というアイデアに恐怖を感じていたらしい。パリの人々もそれを真のオートマトンと信じていたことから、彼がそう感じたのは1783年の夏の知的な雰囲気を反映したものだったのだろう。6月5日にはモンゴルフィエ兄弟が南フランスのアノネーで熱気球を初めて一般公開したというニュースが伝わっており、パリは熱気に包まれていた。空を飛ぶ機械ができるなら、チェスを指す考える機械があってもいいではないかという雰囲気だったのだ。

フィリドールとタークの対戦の場には、このオートマトンの秘密を暴きたいとがんばっている科学アカデミーの会員が何人か参加していた。『ジュルナル・デ・サヴァン』という、パリで発行された最初の近代的な科学雑誌の9月号の記事によれば、彼らは成功しなかった。この雑誌の記事では、タークは「ある新聞では、オートマトンが本当に自動的にチェスを指すように大げさに伝えられているが、確かなことは、この作者が自分の機械を操る技はあまりに巧みでうまく隠されており、これをパリで見ていた多くの学者たちはそれがどのように為されているのかを見破れなかった」と書かれている。

パリの専門家たちがせいぜいできたのは、タークがどのように動いているのかの詳細な仮説を立てることぐらいだった。彼らの説明は、磁石や隠れた子どもが操っているとする曖昧な話よりは、確かに説得力はあった。専門家はタークが磁石のトリックと機械的な技法の組み合わせで動いていると結論づけた。アントンがこの機械の脇に寄ってときどきネジを巻くのと、キャビネットの中に鋲を丹念に打ったシリンダーがあるのに注目した彼らは、この中にあるシリンダーは、(ヴォーカンソンのフルート吹きのような) 音楽を奏でるオートマトンの中のシリンダーに演奏する曲が記録されているように、あらかじめプログラムされたチェスの動きがいくつか記録されていると考えた。ケンペレンは自分のポケットに隠した磁石を使って、これらの違う動きを切り替えているのだ。つまり、彼はオートマトンの動きを一手ずつ制御しているのではなく、その戦術を操縦しているだけで、そう考えれば彼がいくつか手を進める間にオートマトンから離れていることが説明できる。これらはすべて、『ジュルナル・デ・サヴァン』誌によると「ただの曖昧な印象に過ぎず、結局はケンペレン氏の真に驚くべき才能への称賛を高めるだけだった」。

ケンペレンにとってはフィリドールとの試合は、タークが敗退したものの、広報的には成功だった。ヨーロッパ最高のチェス指しと試合した名誉と、科学アカデミーのレベルの高い検分でも秘密が暴かれなかったことで評価は高まり、彼はパリを席捲してロンドンへと向かった。

第4章　独創的な装置と見えない力

イングリッシュ・オープニング（c4）：白がクイーン側のビショップのポーンを進めるオープニング。現代では世界チャンピオンの試合で3番目によく使われるオープニング。

チェスは心の競技場。
——ピーター・プラット『チェス研究』（1803）より

1783年のロンドンで、ケンペレンのチェスを指すオートマトンに匹敵するほど人気のある見世物を想像することは難しかった。ロンドンはチェスの最大の中心地であるばかりか、オートマトンや技術の驚異を熱心に一般展示することでも有名な場所だった。ピカデリーのアーケード、セント・ジェームズ通り、メイフェアの広場ではいくつものすばらしいオートマトンの展示会を一般向けに毎日、有料で行っていた。

1780年代にこうした展示が行われる会場としていちばん有名だったのは、スプリング・ガーデンにある使われなくなった礼拝堂で、現在のトラファルガー広場の近くにあった。ここのもともとの所有者はジェームズ・コックスというオートマトンの製作者で、高価な飾り（宝石で装飾された象、凝った時計、機械仕掛けの虎、孔雀や白鳥など）を東インド会社に納品しており、それらは茶と交換するために中国に送られていた。コックスにとって不運だったのは、中国の市場が結局は飽和してしまい、彼の製品の需要が急激に落ち込み、1772年には自社株を処分して金集めをしなくてはならなくなったことだ。同じ年に、彼は残ったオートマトンを使って金をかき集めようと美術館を開いた。その建物の天井にはすでに凝った絵が描かれており、クリスタルのシャンデリアが5つかかって深紅のカーテンもあり、彼のお得意の宝石のちりばめられた飾りも所狭しと飾られていたので、自分の美術館を飾り立てる費用は必要なかった。1772年の4月にこの会場を訪れた英国の作家サミュエル・ジョンソンは、「機械仕掛けの強い力と、ショーの絢爛豪華さで、それはすばらしい展示だった」と書いている。

10シリング6ペンスという法外な入場料にもかかわらず、コックスの博物館は3年にわたる展示期間中いつも街の話題になっていた。この建物は次には、コックスの助手をしていたデヴィアスの設立したデヴィアス大博物館の本拠地となった。1782年5月の新聞

ロンドンのゴシック・ホールで行われたオートマトンの展示会を描いた、トーマス・レーンの銅版画

記事によると、展示品には銀の羽を持つ白鳥や、「開くと中から鳥の巣が現れるパイナップルを頭の上に乗せた」少年の像、３０００個の宝石をちりばめた機械仕掛けの星などがあったという。

もう１人のコックスの弟子でベルギーのオートマトン製作者のジョン・ジョゼフ・メルランも、自分の展示会を行っていた。ハノーバー広場にあるメルランの機械仕掛け博物館では、２シリング６ペンスを出せば、賭博をする機械、永久運動をするとされるいくつかの時計、多数のオルゴール、痛風の患者の手助けをしてくれるというメルランの設計による治療椅子などを見ることができた。メルランはまた多数の発明もした。彼の作り出したものの中には、初期のローラースケート、ピアノとハープシコードが合体した楽器や、ペダルを踏むと８つのカップが次々と前に移動してきて、もう１つのペダルで紅茶沸かし器の口を開け閉めできるという変わったお茶用の回転式テーブルなどがあった。

こうした発明品はあまり実用的とは言えないものの、疑いもなく独創的なものだった。しかしメルランや他のオートマトン製作者は、こうした技術が娯楽以外にも役に立つということに気づいていた。例えばメルランは、治療椅子以外にも年寄りや病人、身体障害者の生活を楽にするための装置も考案していた。オートマトン製作者の間では、新しい機械ツール（製粉機など）や新しい技術（1本の軸に複数のカムをつけて複雑に同期する作業を行わせるなどの方法）の開発が行われ、それらは工業にも応用できそうなものだった。

18世紀の最後の25年間に産業革命が本格的に花開き、それまでは不可能だったものが突然可能になった。気球がフランスで空に上がると、それはヨーロッパの他の国にも広まり、英国ではジェームズ・ワットらの発明によって、蒸気機関が単なる実験段階を越えて徐々に工業にも使える状態になっていった。ワットが貢献したのは、ピストンの前後運動を継続的に回転運動に変換する蒸気機関だった。その結果、それ以前にはまずポンプに使われていた蒸気機関が、水車や人力、動物によって回転を起こしていたすべての種類の機械の駆動力としても応用できるようになった。その上、回転軸とギアを組み合わせることで、1つの蒸気機関の回転運動を工場や仕事場で分散して利用できるようになった。ワットの蒸気機関はこうして、どんどん複雑になる機械を駆動する力を提供し、もっと大きな規模で工業の機械化へと道を開くものだった。

そういう状況だったので、ロンドンで見られる独創的な機械の展示についてサミュエル・ジョンソンは、「それらは個々の重要度は低いが、有用であることは間違いない。なぜなら人間の力がどこまで進むか、そしてその働きからどれだけの経験が得られるかを知ることはいつでも良いことだからだ。ささいなものに対して独創的なすばらしい仕事が為されているという場合があり、それと同じ原理や手法をもっと意味のある目的のために使うことができるはずだ。そしてそうした利用価値のない目的ではなく未知の驚異的な何かに使えることがわかれば、それが沼地の干拓や金属の製造に有益で、建築家の役に立ったり水兵の食料保存に役立ったりすることにもなる」と書いた。

後の1830年代に、万華鏡の発明者としても有名な英国の物理学者で科学の普及に尽くしたデイヴィッド・ブリュースターが同じような感想を述べている。19世紀の初頭には、その前の世代のオートマトンへの熱意が工業機械を進歩させたことが、はっきりとわかるようになっていた。「18世紀に特徴的だったオートマトンの展示熱が、最も独創的な機械装置を生み出すことになり、もっと高い芸術的感性で最も繊細な機械部品をいい具合に組み合わせるという習慣を作り出した」とブリュースターは書き、「そうしたわれわれの感覚では捉えられないほど精密な大小の歯車が、現代のすばらしい紡績機械や蒸気機関の中によみがえっている。われわれの時代にこうした驚異の機械は、それを利用する奇術師を金持ちにするばかりか、国の富を増すことにも寄与し、かつては大衆を楽しませた自動的な玩具が、人類の力を強化して文明を発展させることに使われている」としている。オートマトンは娯楽や技術、商業の交差点で、それぞれの分野のアイデアの交流を引き起こし、さらなる革新をもたらす触媒となった。そして英国を訪問している間に、タークはこうした過程の中で予想外の役割を果たすことになった。

タークは1783年の秋にロンドンに着き、バーリントン・ガーデンのサヴィル・ロウ8番館でずっと展示された。それが到着したときに偶然にも、ちょうどケンペレンの友人で同郷のカール・ゴットリープ・フォン・ウィンディシュが書いた宣伝本が出版されていた。ウィンディシュは1773年に出した本でタークについてちょっと触れていたが、1780年のハンガリー王国について書いた本ではもっと詳細な記述をしていた。彼が1783年に出した本はまずドイツのバーゼルで出されたもので、ある匿名の友人に送られた手紙の形でオートマトンについて語り、その起源についても述べ、ケンペレンの出自についても詳しく書かれていた。その本は『ケンペレンのチェスプレイヤーについての手紙』という題で、パリでフランス語で出され、すぐに英語で『無生物の理性』という刺激的な題で出版された。

その本では、手紙がプレスブルクから1783年9月7日から13日の間に出されたことになっているが、その頃にはすでにパリでフランス語版が出ており、それらの日付けはいいかげんなものだった。この本全体は読者に直接タークを見物に行かせようとする巧妙に仕掛けられた宣伝本に過ぎず、タークのことを「これまで存在した中で最も驚くべきオートマトンであることは疑いの余地はない」と紹介している。ウィンディシュは自分をケンペレンの親友だと紹介し、ケンペレンの「驚くべき才能」について長々と称賛している。彼はこのオートマトンの実演について、観客の顔に「尋常でない驚き」を認めており、タークの仕組みの秘密を暴こうとした各国の専門家のふがいなさについても多くを語っている。またケンペレンが描いたオートマトンの詳細図を基にした銅版画も含まれている。ウィンディシュは最後の手紙ではずうずうしくも「私がいまこの機械について詳細に述べたことで、あなたは自身の目で確かめてみたくてしようがなくなると思う」と煽っている。

オートマトンの他の目撃者の証言と違って、ウィンディシュのこの本はケンペレンの手垢が各所についており、客観的なものとしては信じられないが、オートマトンの発明者による記述があるという点では価値のあるものだった。そして目論見どおりの効果が現れたように、ロンドンの人々は5シリングという費用を払ってタークを見ようと集まり始めた。

ウィンディシュの本の英訳版の書評が『マンスリー・レヴュー』というロンドンの雑誌に出た。書評子は「人々は小さな木の人形が〝本当〟に〝自分〟でチェスを指していると、会話や印刷物の中でも信じている」とこきおろした。ところが、このチェスを指すタークは「実際にチェスが最も強いとされる指し手に会って打ち負かし、それは聞くところによるとあのフィリドール氏だという」とも書かれていた。このオートマトンがフィリドールに勝ったという噂がどこから出たのかはわからないが、ともかく宣伝効果はあった。

タークを正真正銘のものと考える人々のバカさ加減を嘆いたのは、この書評を書いた人物以外にもいた。裕福で旅行経験の豊富な英国人フィリップ・シックネスはケンペレンの展示に(家族と訪れて)非常に立腹し、わざわざこれを非難する小冊子まで出版した。『マンスリー・レヴュー』の筆者と違い、彼はオートマトンがどうやって動いているのか説明している。

シックネスはタークが相手の動きに対応するという、おそらく人間にしかできないことをやっているのでいんちきであると確信していた。「オートマトンの手や頭や目などをある種の決まった方法で動かすようにできることは疑いの余地はないが、相手の動きに合わせて、対抗しながらチェスの駒を正しく動かすようにすることに〝ともかく不可能〟だ」と彼は声高に主張し、「ということは、その機械をオートマトン(自分の中の原理に従って自ら動く機構）と呼ぶことは詐欺であり、そのことは公に暴かれるべきである。特に各人に支払わせている5シリングという高い料金は、来訪者がその動きは〝本当〟にその機械の力で生じていると信じ込ませる作用がある」と続ける。シックネスに言わせれば、ケンペレンの機械は「豪華な部屋に置かないで、そのトルコ人の衣装を剝ぎ、関係者の大げさな振る舞いや入場している多くの人を除いてしまえば、ただのトリックであることがわかる」ものだった。

シックネスはタークの動きについて自分の考えを述べる前に、読者にケンペレンの目くらましに引っかからないよう注意を喚起している。彼によればタークの内部の時計仕掛けを見せることは、多くの「観察者を惑わして欺くための巧妙な手口」の1つに過ぎない。そしてとりわけシックネスが強調するのは、ケンペレンは観客を欺くために「対戦する人の直前の動きに合わせて、ひそかに理解不能な見えない力でオートマトンを操っていると信じ込ませるように振る舞っていた。そして、オートマトンが動く前に彼がその右肘のところに移動して、左腕を自分のコートのポケットに突っ込んで何か変な動きをし、多くの人がポケットに磁石でも隠していてそれでタークの腕を望みどおりに動かしていると思わせる。それに加えて、脇のテーブルに小さな引き出しを置いて、それを何度も開けたり閉めたりし、ロウソクを灯し、オートマトンのネジを巻き上げるなどをする。それらはすべてただ観客を煙に巻くための手なのだ」。

シックネスは、タークはケンペレンが操っているのではなく、実際はキャビネットに入っている人が操作していると断言した。「本当のオペレーターはその台の中に隠れている。台は(機械仕掛けを除くなら)10歳か12～14歳ぐらいの子どもなら入れる広さがあり、私はそうした年齢でチェスのうまい子どもも知っている」と彼は書いている。シックネスが言うには、そのオペレーターは天井につけられた鏡を見て状況を把握し、それによって腕をそれなりに動かすことができる。シックネスはこの仮定を傍証するために、タークの公開は午後1時から2時の間だけに行われることを指摘し、「この隠れたチェス指しがこれ以上長いこと閉じ込められることに耐えられないからだ」とも言う。もちろんシックネスは、ケンペレンが、できるものなら公演時間を長くしてもっと金を儲けたいと思っている、という論も展開している。

シックネスはその後心変わりしたのか、隠れたオペレーターがチェス盤を見ることができるかという点では論議を弱め、「タークがまるで動いていないはずの瞬間に、私は人形の着ている上着のイタチの毛皮の縁飾りが1、2回動いたのを見たことがある。むしろ隠れたオペレーターが、タークの服の毛皮の縁飾りを通して外をうかがっているのではないかと思う」と書いている。

シックネスが機械の中に隠れた人間によって操られているトリックを暴こうとしたのはこれが最初ではない。「40年前のこと、私は1シリングを握り締めた300人の観衆が馬なしで動く馬車を見物に集まっているところで、これは中に入った人間が動かしているのだと考えた」と彼は物語る。「私がそれは輪回しの輪の中に人が入るか、後ろの車輪を人が回していると言うと、多くの人が怒り出した。しかし嗅ぎタバコの小さな包みをその車輪の中に入れてみると、そこにいた誰もが納得したように、それは動くばかりか、正真正銘のキリスト教徒のようにくしゃみをすることがわかった。車輪の中に別の車輪があるのではなく、人が入っていたのだ。つまりチェスを指すオートマトンも、人形の中に人が入っているのだ」。彼は哀れむように、「人間はすべての動物の中で最も抜け目なく狡猾で独創的だが、いつでも他人を騙そうと狙っている」と結論づける。ケンペレンのオートマトンの中に嗅ぎタバコを忍び込ませることもままならず、シックネスには自分の仮定を証明する方法もなく、彼の書いた小冊子は、ロンドンで数カ月間過ごしたタークの人気を落とすことはほとんどできなかった。

その他にも同じ時期に、タークに懐疑的な話が出ている本が出版された。それはフランス人のアンリ・デクランが書いた『白魔術を暴く』で、ヨーロッパの何カ国かの言葉に翻訳された。デクランの著書は当時のいくつかの人気のある手品のトリックを説明したもので、それらはほとんど一般には知られていない科学的な原理を利用したものだった。ほとんどの説明は、それぞれのトリックの演出についてのもので、それがどう行われているかを詳細に暴露した記事が続いた。なかなか読書意欲をかきたてる内容であり、デクランの本は大人気を博した。しかしタークに関してデクランは憶測で説明を加えているだけで（彼は1783年にパリで見た）、その秘密を暴いたというより、フィクションの形で、ファン・エスティンという発明家（明らかにフォン・ケンペレンをもじったもの）が作ったチェスを指すオートマトンについての仮説を述べたものだった。

デクランの結論は、キャビネットの中に小人が入っていて操作しているというものだった。彼によると、オペレーターは最初キャビネットの外のタークの衣装の下に隠れていて、一度内部が空であることが観衆に示された後に、ネジを巻いて音を出してごまかしている間にキャビネットの中に滑り込むのだという。そしてオートマトンが回転させられ、衣装も持ち上げられて中を見せられる。そしてデクランの理論によれば、中に入ったオペレーターは半透明のチェス盤を見上げるか、ケンペレンの手を使った暗号や声のきっかけで試合の進行を把握しているという。そしてオートマトンの腕は、レバーを使ったシステムを操って動かす。

デクランの理論の難点は、オートマトンのネジの巻き上げはいつも、キャビネットの後ろ側が観客に見せられ人形の衣装が持ち上げられた後に行われるということだ。その上、タークと対戦した人はチェス盤を間近で見ていたわけだが、誰もおかしな点に気づかなかったし、ケンペレンは常に中のオペレーターに信号を送っていたとされるが、彼はいつも近くにいたのではなく、よく観客と個別に話し込んだりして何手かの動きの間に舞台を離れていることがあった。

こうしてシックネスやデクランの疑問が出されたものの、多くの人はいまだにタークは正真正銘の機械だと信じていた。『哲学・数学辞典』の編集者チャールズ・ハットンはタークを「まさに世界に出現した機械の最も偉大な傑作」と述べている。

タークは詐欺だと暴露を試みる懐疑論者とは対照的に、ケンペレンのオートマトンに注目する人の中には、機械によるオートメーションの可能性を無限に広げる実例だと考える者もいた。そうした人の中の1人に、牧師で実験好きな発明家でもあるエドモンド・カートライトがいた。彼はレスターシャーの教区の牧師で、自分の土地で農業の実験をしており、自分で考案した新しい農業器具の実験開発も行っていた。ある年の夏の休日に、彼は糸紡ぎ機の発明者リチャード・アークライトが設置した水車小屋を訪れた。アークライトはケンペレンがこのオートマトンを作ったのと同じ1769年に、糸紡ぎ機の特許を取得しており、それが紡績産業を大きく変容させていた。アークライトの機械は手作業の速度や効率性を向上させたもので、おかげで伝統的な手で紡いだ綿糸による布地よりしっかりと手触りのいいものができるようになっていた。1775年までにアークライトや仲間たちは英国全土に工場を持ち、1782年には5000人の従業員を擁していた。彼は工業への貢献に対して、国王のジョージ3世からついにはナイトを授けられることになる。

しかし1784年にはアークライトの特許が切れるということで、周りが騒がしくなっていた。つまり彼の紡績技術がもっと広く使われるようになり、綿糸の生産量に機織《はたおり》が追いつかなくなる危険性があった。そのために多くの発明家が紡績と同じぐらい自動的に機織を行える機械の開発に入れ込んでいた。しかし人力の織機《しょつき》を操作する手や足の数々の複雑な動きを再現できるような機械を作ることは非常に困難だった。偉大なるヴォーカンソンでさえ自動織機を実現しようと試みたがうまくいかなかった。

カートライトはこのことを知らなかった。1784年の夏に、彼は自動織機を作ることは絶対に不可能だと信じているマンチェスターの商人と、糸紡ぎ機のことを話していた。しかしカートライトはロンドンでターク（を見物したばかりだった。彼はすぐに、チェスを指すことのできる機械を作れるのだったら、自動織機を作ることだってできるだろうと推測した。「そうは断言しないほうがいいでしょう。複雑なゲームで必要なさまざまな動きをする機械を作るほうが、機織をする機械を作るより難しいですからな」と彼は答えた。彼は研究を開始し、３年後にその後の織機の原型となるような動力式の織機の特許を取った。動力式織機と蒸気機関を組み合わせれば、工業として機織ができる。そして１７９９年にマンチェスターにできた工場には、カートライトの織機が４００台入って蒸気機関で稼働することとなった。そして後にマンチェスターの50の優良な企業の嘆願書によって、カートライトはその発明の功績を称える１万ポンドの賞金を議会から授与されることになった。

ケンペレンは自分のオートマトンの子孫が生まれたことは知らなかった。ロンドンを席捲し、シックネスを激怒させ、カートライトの心に動力式織機の種を撒いた彼とそのオートマトンは、１７８４年の秋には英国を出発してヨーロッパのツアーを続けた。

第5章 言葉と理性の夢

ライプチッヒ・ヴァリエーション（d4 Nf6 c4 e5 dXe5 Ne4）：黒がキングの前のポーンを取らせ、次にキング側のナイトを白のポーンの間にまで進める攻撃的な最初の手口。

チェス盤の上には世界中の海以上に冒険がある。

――ピエール・マッコルラン

興行を開始してから1年半経ったいま、故郷のウィーンを目指すタークは途中でドイツを通り、カールスルーエ、フランクフルト、ゴータに滞在し、1784年の9月にライプチッヒに着いた。この頃には、ウィンディシュの本の人気（ヨーロッパ各地で版を重ねていた）やその操作の秘密がまだ解き明かされていないこともあり、人気は頂点に達していた。その結果、タークはドイツでは最も詳細な検査を受けることになった。ライプチッヒのミカエル祭でタークを見たカール・フリードリッヒ・ヒンデンブルクとヨハン・ヤコブ・エバートという科学愛好家の2人が、別々にオートマトンについての意見を発表した。両者ともタークをケンペレンと助手アントンが上演していることに注目した。この頃にはケンペレンはオートマトンの実演を行う際の助手の能力に十分信頼を寄せていて、ときどき自分は観客席に座って彼1人に演じさせることがあった。このことは、ケンペレンが離れた場所から操っていると想像する人々を当惑させた。どちらにせよ、ライプチッヒにおけるタークの興行は大成功だった。ウィテンベルク大学の数学教授だったエバートは、自分の報告の中で、オートマトンと、ケンペレンが一緒に展示していた喋る機械を「この前のミカエル祭で最も興味を引く2つのものだった」と述べている。

エバートはタークが強くて、ライプチッヒにいる間に2回しか負けなかったことを知っていた。彼は中にオペレーターが隠れているという見方をあまりしなかった。そして、タークが上演中には決して壁やカーテンの脇に置かれることはなかったので、その動きはケンペレンやアントン以外の誰にも影響は受けないと考えた。エバートはタークの内部の機械装置が動きを生じさせているが、その戦略は人間のオペレーターが立てていると結論づけた。しかしどうやって動きをガイドしているのかについては説明できず、磁石ではなさそうだと考えた。というのもケンペレンはその機械の上に大きな磁石を置くことを喜んで許したからだ。

ヒンデンブルクの報告書は「フォン・ケンペレン氏のチェスプレイヤーについて」と題され、ある雑誌の記事として掲載され、ミカエル祭の間に本になって出版された。ヒンデンブルクについてはあまり知られていることはなく、彼の論理的なやり方や、報告が科学者として有名なベルヌーイ一家のヨハン・ベルヌーイに捧げられていることから、(エバートのように) 学者らしいことしかわかっていない。

ヒンデンブルクがタークを見たのは2度で、基本的にはパリの専門家と同じく、その操作は磁力か機械方式かのどちらかではなく、両者を併用したものであるという見方だった。「その機構の重要な部分は疑いもなくクローゼットの下方にある水平方向のシリンダーで、それが回転すると表面に打たれた鋲によって、隣接するレバーを動かしていた」と彼は宣言した。そして、この機械的な装置が実際の動きを生み出していたが、ある種の磁石によるトリックを行うオペレーターの戦略指示によってガイドされていた、と結論づけている。

この頃のケンペレンはオートマトンの展示に新しい手法を取り入れていた。自分の書斎のような狭い場所や観客の数が少ないときには、タークは人間の観客とチェス盤を介して正面で向き合うことになる。しかし大規模な展示の際には、対戦する人間に隠れて観客からはオートマトンが見えにくくなる。そこでそうした場合にはケンペレンがオートマトンの近くにテーブルを置いて、そこにもう1つチェス盤を置いた。タークの挑戦者はこのチェス盤で駒を動かし、ケンペレンがそれと同じ動きをタークのチェス盤上で真似て行う。その後タークが自分の番に駒を動かすと、ケンペレンがもう1つのチェス盤で同じ動きをするのだ。こうすれば観客は皆、タークの動きをはっきりと観察できる。またケンペレンにとっては、チェスの駒を必ず桝目の真ん中に置くことができ、オートマトンが指を傷めずに確実に駒を摑むことができるので安心だ。

その秘密が見破られないまま、タークはドイツ国内の旅を続け、ドレスデンや多くの都市を訪問した。その中には、その動きについてまったく新しい説を出したヨハン・ローレンツ・ベックマンがいた。ベックマンもシックネスのように、オートマトンの中に誰かオペレーターが隠れていると考えた。しかしこう仮定すると、次々と疑問がわきあがってくる。オートマトンのドアが開いているとき、オペレーターはどこに隠れているのか？　そうしたオペレーターはチェス盤上の動きをどうやって追っていくのか？　そしてオペレーターはタークの腕の動きをどのように制御するのか？　ベックマンは以上の3つの疑問のうちの2つ目にのみ興味を持ち、タークの中に隠れて頭上のチェス盤の動きも読める可能性のある独創的な方法を提案した。彼の新規なアイデアは『Magazin für Aufklärung』（そのまま訳すと「物事を解明する雑誌」）の中で「フォン・ケンペレン氏の有名なチェスプレイヤーの説明仮説」と題する短い記事として出版された。

「私の判断では、チェス盤のそれぞれの桝目の下に、中心からずれた場所に特定の方向を向いた磁石の指示器が吊るしてある。その上、各駒は強く磁化された鉄が埋め込まれている。磁力は鉄以外の材料は通り抜け、磁化された駒がある桝目の上に置かれると、その真下にある磁石は自然に方向を変え、それが目に見える動きとなる。もし駒がその桝目から除かれると、指示器は動いてまた元の自然な位置に戻る。そういうことで、チェス盤の下にいる人は簡単にかつ明確に試合の流れを観察できる」と彼は書いている。ベックマンの記事が出版された1785年の早い時期には、タークはすでにアムステルダムに移動していた。そしてツアーは終わり、ケンペレンと彼のオートマトンはウィーンに戻った。

祖国の技術大使として皇帝への仕事を2年間免除されていたケンペレンは、また元の宮廷の仕事に戻った。タークは木枠の中に入れられ、そのまま長い休養期間に入った。勝手なことを書いた多くの小冊子や本、記事などによって、自分のオートマトンの秘密が暴かれる前に引退させたほうが良いとケンペレンが考えたという見方もあった。しかしどちらかというと、ケンペレンはもうタークには飽きて、他の関心を追究したかったらしい。その最たるものは、自分の発明した喋る機械を改良しながら発声機構を研究することだった。

ケンペレンは長いこと研究を重ねた末に、1770年代に初の喋る機械を作った。彼はまず管とリードと漏斗で装置を組み立て、漏斗の中でいろいろな位置に手を置いて母音を発声させることに成功した。そして次に人間の発声器官を綿密に検査することで新しい機械を作った。ケンペレンは尊敬するヴォーカンソンと同じく、生物学的な機能を人工的に再現するには、自然の機構をそのまま忠実に真似することが必要だと考えていた。この新しい機械は、中空の楕円形の箱が蝶番でつながった、ちょうど顎の上下のような形をしていた。その箱にはふいごとリードが取りつけられていた。顎を開いたり閉じたりすると、ケンペレンはAとOとUに対応する母音の音を出すことができたが、EとIについてはそれほどはっきり聞こえなかった。

この機械にはその後、人間の声門を模した装置がつけられる改良がなされ、P、M、NとLに対応する子音を発生することができるようになった。それに加えてS、Sh、Zの音を出すレバーがつけられ、もう1つのレバーはこの機械のリードに線をたらしてRの巻き舌音を出せるようになっていた。D、G、KやTの音はPの音の変形として、大ざっぱながら出すことができた。そこでこの機械を丁寧に操ると、「mama」「papa」「opera」などの単語を発音することができた。これこそは実際、単語全体や短いながらも選ばれた文を発音できる最初の機械だった（その他にもサンクト・ペテルブルクの帝国アカデミーで177

9年に受賞した、デンマークの生理学者のクリスティアン・ゴットリープ・クラッツェンシュタインが作った話す機械もあるが、それは母音しか出せなかった）。ケンペレンは後年、ただモゴモゴと単調で平坦だった発声に、ピッチを制御するようにしてイントネーションも表現した。

その機械を操るには、さまざまな制御部を一緒に組み合わせて動かさなくてはならず、まるで楽器を演奏するようだった。実際にケンペレンは通常のピアノの鍵盤を使って制御する方式の機械もデザインしていた。しかし喋る機械の動かし方を習得するのは楽器をマスターするより易しく、ケンペレンは初めてのオペレーターが満足いく動かし方をできるまでに3週間もあればよいと考えていた。彼は通常はこの機械にフランス語、イタリア語、ラテン語などの発音を行わせていたが、これは子音の複雑な組み合わせを駆使するドイツ語よりはるかに容易だったからだ。

ケンペレンは興行師的なセンスを発揮して、実演を行うときにテーブルの下に機械を隠して楽しんでいた。発音してほしい文を頼まれると、彼はテーブルの下の機械の操作を始めた。そして発音ができて初めて覆いを取って、テーブルの下に機械があることを明かしていた。

ケンペレンのチェスを指すオートマトンを宣伝する本の中で、ウィンディシュはこの喋る機械についても紹介している。ウィンディシュは部屋に入ってきてケンペレンの挨拶をその女性の話を書いている。彼は黙って唇を動かしながら機械の声を使っていた。その女性は「恐怖におののき一目散に逃げ出さんばかりになったが、彼の声がどこから来たのかを説明して、その機械を見せて安心してもらうまで並大抵の苦労ではなかった」と書かれている。しかしこれはいかにも、ケンペレンをハンガリーのレオナルド・ダ・ヴィンチとして売り出そうとしていた、ウィンディシュがでっちあげた話のようだ。この喋る機械を直接見た人のもっと信頼できる証言は、ドイツの詩人で哲学者だったヨハン・ゲーテのもので、「ケンペレンの喋る機械は多弁ではないが、子どもの使うような言葉をうまく発音できる」とコメントしている。

ケンペレンはついには喋る機械の研究の成果をまとめたすばらしい本を、1791年に出している（この本の英訳版の題は『喋る機械で説明する、人間の発声機構』）。ケンペレンは自分の研究の概要を述べる一方で、動物のコミュニケーション、言語の起源や言葉の力と理性の関係などについても考察している。彼はまたそれ以前の誰よりも詳しく人間の発声の物理的基礎について記述し、彼の機械が発声に関わるさまざまな器官をいかに模倣しているかを述べている。彼はこうした機械を組み立てる試みの概要を書き、その過程で多くの未知の困難に遭遇したことをほのめかし、「私は強い馬でもとても引っ張りきれないほどたくさんの装置を捨ててきた」と述べている。そして最後には、同じ分野の研究者が簡単に製作してさらなる改良を加えられるようにと、彼が考える最も進んだ喋る機械の詳細なデザインについても述べている。

ケンペレンの本は今日でいうところの実験音声学を創設したものといえ、彼が追究した音声機構の研究は当時最も進んだものだった。彼が最後に作った喋る機械は、いまでもミュンヘンの科学技術博物館に所蔵されている。この機械は19世紀になって、電信の先駆者となった英国のチャールズ・ホイートストンによって複製が作られた。ホイートストンは1863年にこの機械をアレクサンダー・グラハム・ベルという若者に見せている。ベルはそこで見聞きしたものに触発され、すぐに自分の喋る機械を作り始め、彼がそのために行った音声の機構や模倣、伝達の研究が、ついには1876年の電話の発明へとつながっていく。

その喋る機械は明らかによくできていたものの、ケンペレンはそれを未完成だと考えていた。ウィンディシュによると、彼はもともと自分の喋る機械を、5歳から6歳の子どもの形をした人形の中に入れて、子どものように喋らせようと考えていた。しかし自分の機械の性能を向上させても、多くの音や言葉はとても発音できないことがわかり、彼はそのアイデアを放棄した。しかし注目すべきは、理性があるように見えるタークに続き、ケンペレンの喋る機械は以前には機械で再現できなかった、人間に特有の能力を真似することができたことだ。

ケンペレンは夜間はずっと自分の書斎でブーブー、ブンブンと喋る機械を鳴らしながら実験していたが、日中は公務員として働き、ついには1786年に枢密顧問官にまで上り詰めた。彼はまた他の科学や芸術分野の多くのことに興味を持っていた。目の見えない人が使えるタイプライターを作り、多くの時間を費やして独自の蒸気機関も開発していたが、ある記述によるとそれは爆発事故を起こしたらしい。彼は2本の劇作を行い、いくつかの風景画を含む多数の版画も制作した。

つまり、ヨーロッパのツアーが終わった1785年には、彼はついにタークを自分の背後に隠してしまうことに成功したのだ。1790年頃にケンペレンの家を訪問した英国のトーマス・コリンソンは、喋る機械は見せてもらったものの、「チェスプレイヤーの話は一言も出てこず、もちろん私も見せてほしいとは頼まなかった」と書いている。ケンペレンの友人によると、彼がチェスプレイヤーについてあまり語りたがらないのは、それが単に「自分があまり誇りに思っていない、ただの手遊びだ」という理由からだという。しかしコリンソンはケンペレンがタークについて口を閉ざしているのは、タークが世に出てから最も詳細な分析を行ったヨーゼフ・フリードリッヒ・ツー・ラクニッツ男爵によって、

1789年についにタークの秘密が暴かれたからではないかと考えた。ラクニッツはドレスデンで1784年にタークのデモを何度か見ており、そのオートマトンについてもっと質問したいがためにケンペレンと近づきになった。そして彼はその後5年間にわたって、それがどうやって動いているのか自分の仮説を検証するために、一連のタークの模型を作った。彼の本の題は翻訳すると『フォン・ケンペレン氏のチェスプレイヤーとその模造について』というもので、彼の研究を集大成し、自分で作った模型のイラスト版画がたくさん掲載されていた。それらはすべてラクニッツも認めているように「ケンペレン氏のチェスマシンを説明するための仮説や推量を行うために、似た機械をいかにして作ったかの概要」を描いたものだった。

ラクニッツの興味はそういう点にあったので、タークについて以前に書かれた、ウィンディシュ、デクラン、エバート、ヒンデンブルクやベックマンの説を徹底的に分析した。彼はまたタークの展示を見にきていた観客と、なぜそれが動くかの話もしていた。そしてさまざまな説明を要約して5つの仮説に分類した。すなわち、正真正銘のオートマトンで実際にチェスを指すことができ、可能な配置に対してすべての動きが事前に設定されている／正真正銘のオートマトンとして自分でかなりの動きができるものの、ときには人間のオペレーターによるガイドが必要となる（パリの理論で、ヒンデンブルクが好んだ）／外から磁石で操られている／外から隠された糸で操作されている／その機械の中に隠れている人間によって操られている、というものだった。

それでは、その5つの理論のうちに、どれか正しいものがあるのか？「それらすべての仮定には、あまりに多くの欠陥があり、まずはそのどれにも賛成はできない」とラクニッツは書いている。しかし次にそれぞれの理論を詳細に検討している。彼はタークが純粋なオートマトンであるという説は退けている。それというのも、チェスにおけるあらゆる可能な動きに対抗する適切な手をすべてケンペレンが事前に計算しておくことは、タークを作るのに要した6カ月間では無理であるという理由からだ（タークが試合の最中に指し手を計算するという考えは、あまりに奇抜すぎて除外された）。ラクニッツはまた、タークの中の機械はこれほど多くの動きに対応できるほど複雑ではなく、タークが純粋な機械なら、ケンペレンはなぜ試合中にも扉を開けておかないのかと指摘した。

2つ目の仮説に関してもラクニッツは、多くの動きに対して対応できるほど機械が複雑ではないという説を取っている。また磁気を使う方法は、ケンペレンとアントンがポケットに隠した磁石で機械の中の仕組みに影響を与えるには離れて立ちすぎている、という理由で退けられている。隠れた糸で操るという説は、オートマトンが多くの会場で上演前に自由に動かされており、それらの場所はすべて事前にきちんとした準備をするには適していないので論外とされた。そうなると唯一残された仮説は、中にオペレーターが入っているという説になる。しかし「その人は機械の内部が公開されている間、どこにいるのか？どうやって試合の展開を追っているのか？　必要な照明や息をするための空気はどうやって供給されているのか？　間違って咳やくしゃみが出てしまったときの対応は？」とラクニッツは質問を投げかける。

ラクニッツは続いて、できるだけそれらの問いに答えようとしている。彼はタークの3つの扉の下にある引き出しの奥行きがキャビネットの裏面にまで達しておらず、観客の1人がこの引き出しを開けるときに何かに引っかかった話を聞いたと証言している、と疑問を投げかける。そして、このキャビネットの主要部分後部の床の下に、誰かが隠れるのに十分な空間があるのではないかとしている。キャビネットの主要部分が示されていったん扉が閉じられれば、オペレーターがそこに座り直して（両足をタークの正面左の部分にある機械の後ろに隠し、頭はちょうどチェス盤の下に持ってきて）、タークの腕をいくつかのレバーで操作できる。そしてオペレーターは、チェス盤の各枡目の下に吊された磁化された針の動きを見ながら試合の進行を把握する。彼によれば駒はそれぞれの中に磁石が仕込まれており、それらが枡目を移動すると磁化された針の動きに影響を与えるということで、それは彼がベックマンとは関係なく自分で思いついた考えだという。キャビネットの主要部分の底にある2つの穴が空気取り入れ口になっており、オペレーターが使う小さなチェス盤を2本のロウソクが照らすという。そして咳やくしゃみで困ったことにならないよう、オペレーターは風邪を引いているときは試合をしないし、望ましくない音が出たときは機械の雑音を出してそれをごまかす。

ラクニッツは自分の考えを検証するために、12×7×7インチの大きさのタークの模型を作り、別にタークの機械仕掛けの腕と、磁石の入った駒（ビショップ）のついたチェス盤も作った。彼は自分の理論はあらゆる点から見てまともなものだと結論づけた。彼はタークのように動く機械を作る方法を見つけたようだが、タークが実際に動いている方式を言い当てたのだろうか？　自分の推測が正しいかどうかを確かめたかったラクニッツは、その本を1冊ケンペレンに送りつけたが、トーマス・コリンソンによると、ケンペレンは「（ラクニッツが）全体を完全に解明したものであるということを認めようとはしなかった」。

実のところラクニッツの説明にはいくつか問題もあった。まず彼の作った模型は実際のタークのサイズと比例しておらず、縦と高さに比べて横幅がありすぎた。またラクニッツが無理に考えたサイズでも、引き出しの裏の空間は5フィートの長さで幅は18インチ、高さは7インチしかなく、確かに大人が入るには狭すぎる。ラクニッツの銅版画では、オペレーターはターク自身より小さいが、それを中程度の大きさの人だとしている。ラクニッ

この図と以下の2枚の銅版画は、ラクニッツが自著で使ったもので、彼がタークの仕組みをどう考えるかを図示したものだ。最初のものでは、キャビネットの内部が見せられている

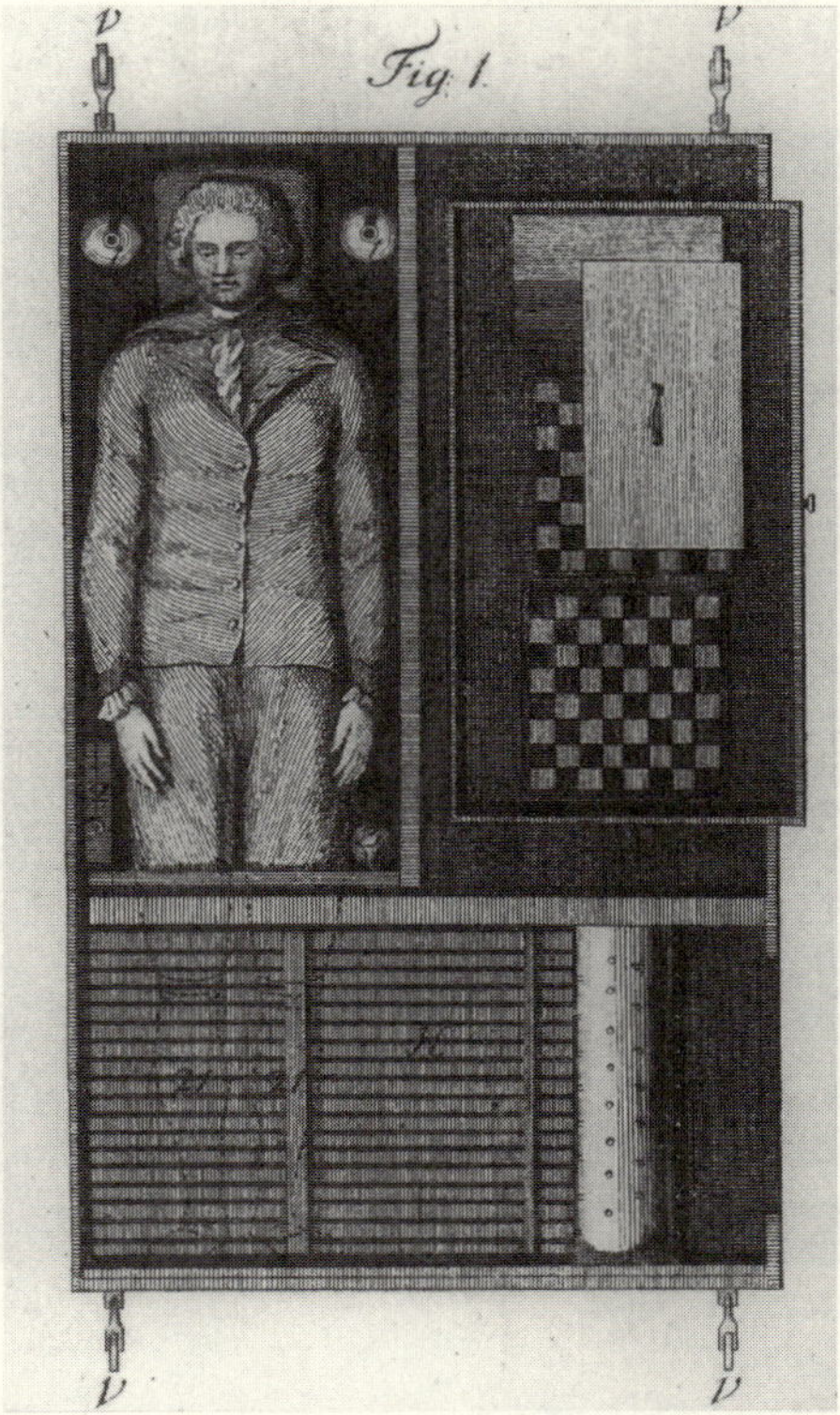

ラクニッツはキャビネットの中が見せられている間は、小柄なオペレーターが引き出しの後ろに横たわって隠れていると推測した

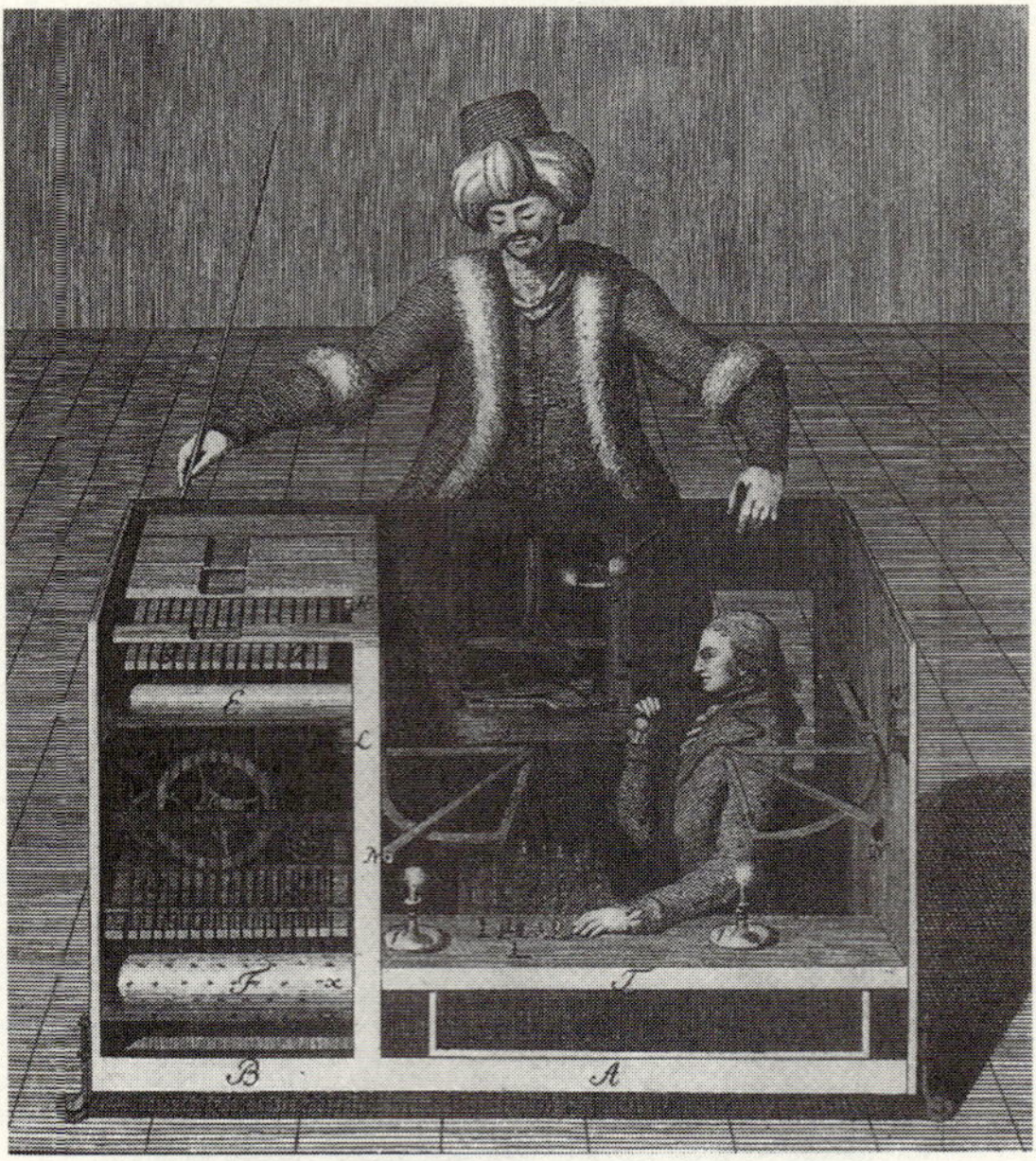

扉がいったん閉じられると、オペレーターが位置についてオートマトンを動かした

ツは明確に述べていないが、オペレーターは小人か小さな子どもということを示唆している。しかしケンペレンは、その説明が間違っているとも言わず、ラクニッツがタークの操作の謎を解いたという話に乗ることは拒絶した。ケンペレンはその秘密を墓まで持っていこうと覚悟したようだ。

第6章　想像力の冒険

ロシア式ディフェンス（e4 e5 Nf3 Nf6）：オープニングで黒が防御する代わりに反撃すること。

不幸にも人には知られず忘れられたものの、そのオートマトンにとって多くの冒険があったに違いない。これほど長期にわたって多くの人と対戦したことで、無数の興味深い場面に遭遇したに違いない。自叙伝の流行る昨今、これほど多くの木製の男女の人形が確実に世界の記憶をその中に留めていると考えると、チェスプレイヤーのオートマトンの冒険に満ちた生涯を描いた本は、それなりの興味を持って受け入れられるに違いない。

――ジョージ・ウォーカー『チェス・オートマトンの解剖』（1839）より

1785年から1804年の約20年間、タークはウィーンのシェーンブルン宮殿でただ塵にまみれていただけだが、その期間にタークの冒険について語ると称する物語が数多く出された。1785年にはケンペレンはプロシアのフリードリッヒ大王として知られるフリードリッヒ2世の招待でベルリンに行ったとされる。王はパリにいるヴォルテールと文通チェス（対戦者がそれぞれの手を手紙でやり取りする）を指したことで有名だった。そこで王のフリードリッヒがオートマトンを披露するようケンペレンを宮廷に招いたというのは十分ありうる話だった。

タークはそこで正式に試合を行い、フリードリッヒを含む宮廷のチェスの名手を打ち負かしたというが、フリードリッヒは突然、タークの秘密を知りたいという強い衝動に駆られた。王である彼は、科学者たちや物書きとは違った方法を取り、これまでに提案されたさまざまな理論に加担することなく、大金を出してそのオートマトンを買い上げ、自ら直接その中身を検査しようとした。金を払ったフリードリッヒは、ケンペレンによってオートマトンの秘密を明かされ、自分が単純なトリックに引っかかっていたことを知って腰を抜かした。フリードリッヒはその秘密を明かすことはせず、オートマトンを包装して宮殿のどこかに隠しこんでしまった。

この話は一見もっともらしく聞こえるが、タークはケンペレンの所有物であり続けたことが明らかになっているため、信じることはできない。その上、この話が事実かどうかの証拠が存在しない。フリードリッヒがオートマトンに興味を持っていたことは確かだが、チェスに特別の関心を持っていたかははっきりしない。ある伝記作者によると、フリードリッヒは甥にチェスについては何も知らないと打ち明けたとされており、ヴォルテールと文通していたとしても、それでチェスを指していたとは思えない。何よりも疑わしいのは、フリードリッヒ王がタークに会った話は19世紀の初頭になって初めて出ていることで、その頃にはタークが英国のジョージ3世とも対戦したとして有名になっていた。１７８０年代にはフリードリッヒやジョージという名前が出てくる話は１つもなく、ベルリンの話やジョージ3世との対戦という話にはまるで信憑性がない。

もっと凝った話が、19世紀の大魔術師として有名なフランスのジャン・ロベール＝ウーダンの１８５８年に出版された回想録の中に出てくる。彼はオートマトンに興味を持っており、オートマトンが奇術とも関係が深いことからタークの起源についての話をしているのは自然なことだが、彼はその話をロシア人の医師オスロフの甥から聞いたとしている。19世紀半ばの歴史的な話とされている他の多くのものと同様、ロベール＝ウーダンの話の中には長い対話が入っているが、それは再構成された会話であって（つまりでっちあげ）、当時の本や新聞記事では話を面白くしようとこうした手法を取ることが日常的に行われていた。

ロベール＝ウーダンによると、ケンペレンは音声理論の研究の一環として、ロシアに言葉を習いにいったという。ロシアにいる間は友人のオスロフのところに泊まっており、そこで彼が陸軍将校のウォロフスキーという亡命者を匿《かくま》っていることを発見する。ウォロフスキーはポーランド人で、ロシア軍で働いているポーランド兵士を主導して反乱を起こしたという。その結果起きた戦闘で、ウォロフスキーは砲弾で足を吹き飛ばされ、彼は同僚の反乱兵に殺されかけたが塹壕に身を隠して逃れた。そしてオスロフの家まで這ってたどり着いた。医者は彼を不憫に思ったが、ウォロフスキーの足を救うことはできず、切断するしかなかった。その後の回復期にウォロフスキーはオスロフとたびたびチェスを指したが、その結果、非常に優れた才能のあるチェスプレイヤーであることがわかった。

ケンペレンがオスロフの家に着いた頃には、ロシア当局からウォロフスキーに懸賞金がかかっており、オスロフは彼をどうにかして国外にこっそりと脱出させてやりたかった。ロベール＝ウーダンによれば、そのときそれを聞いたケンペレンが、キャビネットの後ろに木製の人形が座ったチェスを指すオートマトンを作ることを思いついたのだという。そういう方式を念頭に、彼は昼夜兼行で製作に取りかかり、わずか3カ月で完成にこぎつけたという。完成したオートマトンは最初にオスロフと試合を行った。試合が終わると、オスロフは、実際はオートマトンの中に隠れているウォロフスキーと対戦していたということを知って驚いた。ウォロフスキーは足がなかったので、キャビネットの中に入っていろいろな扉が開け閉めされても位置を変えれば見つかることがなく、結局はチェス盤がよく見える木の人形の中に身を隠した。ケンペレンはオートマトンの興行を行いながらロシアからウォロフスキーを連れ出すことに同意し、数カ所の町で上演しながら国境へと向かっていった。

一行は出発し、最初の興行を行ったトゥーラの町では、対戦相手すべてを打ち負かして皆を驚かせた。そしてその後も、カルーガ、スモレンスク、ヴィテプスクと旅を続けたが、その名声は高まる一方だった。国境に近づいてきてこの計画がうまく成功しそうになった頃、ケンペレンは手紙でサンクト・ペテルブルクの皇帝の宮殿に直行せよとの命令を受けた。ロシアの女帝、エカテリーナ大帝がオートマトンの評判を聞き、自らの目で確かめたいというのだ。ケンペレンはひどく取り乱したが、現在ロシアいちばんのお尋ね者となっているウォロフスキーは、女帝の鼻先に隠れてチェスをするという話に興味を示した。そこで2人はきちんとサンクト・ペテルブルクに出向き、宮廷の図書館にオートマトンを設置した。その夜、エカテリーナ大帝自身がそこで対戦を行った。

オートマトンはいつにもなく積極的な攻撃を行い、女帝はすぐにビショップとナイトを取られた。彼女は次にルール違反の動きをしたが、オートマトンがすぐにそれを正した。

エカテリーナ大帝がまた同じ動きを繰り返すと、オートマトンはその時点でチェス盤からすべての駒を弾き飛ばし、試合を終わらせてしまった。エカテリーナ大帝は喜んで、こんな気の利いた相手をそばに置いておきたいと、オートマトンを買い上げる提案をした。しかしケンペレンは、どうしてもこのオートマトンは売れないと固辞した。そして彼はその操作はトリックを使っており、彼がいなくてはこうした動きはできないのだと説明した。女帝はこの説明に納得し、機械の中に人がいると疑うことはまるでせずに、ケンペレンとオートマトンを送り出してくれた。そこでウォロフスキーは英国に逃げ、そこでケンペレンは自分のオートマトンの展示を続けることになる。

この物語はなかなか魅力的だが、まったくのでたらめだ。いろいろ疑わしい点はあるが、最も大きな問題点は日付けで、ロベール＝ウーダンはこの話を1796年に起きたものとしている。ケンペレンが実際に自分のオートマトンを作ってウィーンで公開したのは30年近く前であることは確かで、1780年代にヨーロッパを旅したという疑いのない証拠もある。しかし、ロベール＝ウーダンが最初にオートマトンと対戦したという1796年の10月10日は、エカテリーナ大帝の死ぬ1カ月前で、彼女はその頃は重体だった。ロベール＝ウーダンの物語のもう1つの問題点は、オートマトンの旅程がヨーロッパの西側ではなく、ロシアの内部のほうに向かっていることだ。そこで、1790年代にポーランド兵の反乱が起きたり、ケンペレンのオートマトンが間違った動きをいつも正したりというようないくつかの正確な記述はあるものの、ロベール＝ウーダンの話は全体として作り話に過ぎないと結論づけることができる。

タークがエカテリーナ大帝に会ったという話は、このオートマトンについて最も広く語られ、ケンペレンの発明品を操ったのは足を失ったウォロフスキーというポーランド人だという話は以降も事実として語り継がれた。例えば、1911年版の『ブリタニカ百科事典』は、タークを操っていたのは「戦場で両足を失ったポーランド人の愛国者ウォロフスキーで、彼は外に出ているときは義足をつけており、彼の外見とケンペレンの一団には小人も子どもも加わっていなかったことを勘案するなら、機械の中に他にも誰かが入っているという疑惑は晴れる」と書いている。

ロベール＝ウーダンの話に刺激を受けた演劇や本がその後にいくつか出されたが、それらすべてには尾ひれがついている。1868年にパリで上演された「ラ・ツァリーネ（La Czarine）」という劇では、ポーランド人の愛国者はヴォロフスキーと名前を変え、足を取り戻して、ケンペレンの娘と恋に落ちるというロマンチックな挿話が加えられている。ロベール＝ウーダン自身も自分の舞台のイリュージョンや奇術のトリックに、ケンペレンの優れた技術を使った特殊効果を取り入れていた。1894年にシーラ・E・ブレインという作家が書いた『トルコ人のオートマトン』という小説では、ケンペレンの息子やオスロフの子どもたちという新たな登場人物が追加されて話に花を添えている。彼女の物語ではケンペレンとウォロフスキーが脱出後にパリを訪れ、オートマトンがフィリドールを打ち負かすことになっている。1926年にアンリ・デュピュイ・マズエルの出した『チェスプレイヤー』はあまり明るくない話だ。物語のクライマックスでエカテリーナ大帝がオートマトンの処刑を命じて、銃撃隊の砲火でオートマトンの中にいた人が殺されてしまう。しかしこうした物語は、もともとその前提となるケンペレンのオートマトンとエカテリーナ大帝の会合が実現していないため、まるで作り話ということになる。

この時代に確実に起こった話としては、有名な発明家でオートマトンの製作者であるジョン・ジョゼフ・メルランのロンドンにある博物館を訪れたある若者の運命の出会いがある。機械仕掛け博物館を開いたメルランは、「機械好きの若人」を刺激しようと、日中ばかりか夜も公開を続けた。そうした中にデヴォンシャーのチャールズ・バベッジという少年がいて、1800年頃に母親に連れられてやって来た。彼は8歳ぐらいだった。バベッジは自分の回顧録の中で、若い頃の話として、「私が新しい玩具を手に入れたときいつも変わらずした質問は、〝母さん、その中には何が入っているの？〟というものだった」と書いている。

幼いバベッジは展示されているオートマトンに興味津々だったので、メルランは裏手にある自分の作業場に連れていってもっといろいろなものを見せた。バベッジは後になって作業所で見たものとして「そこには覆いのない銀色の女性の形をした2体の人形があり、それは約12インチの高さだった」と書いている。最初のそれは真鍮の機械仕掛けで「人間の体の動きや傾きをほとんどすべて再現できるもので、すなわち頭、胸、首、腕、指、足などばかりか、まぶたを閉じたり、手を持ち上げて指で顔に触ったり……ときには単眼鏡をかけて、知り合いを見つけて挨拶をするようにお辞儀した」。

しかしバベッジの目を本当に捉えたのは2つ目のオートマトンの踊る女性の人形で、「右手の人差し指に小鳥がとまっており、その小鳥はしっぽを振って、羽をばたばたさせてはくちばしも開いた」。バベッジはそれに魅せられ、「その婦人は非常に優雅な態度で振る舞った。彼女の目には想像力が溢れ、その魅力には抗することができなかった」。多分このオートマトンの優雅な人間的な動きがバベッジに、機械装置がある点で人間の能力を真似することができるという風変わりな発想を初めて抱かせたのではないだろうか。数年後にバベッジはタークにも出会うことになるのだが、その後には一連の機械式コンピューター——人間に特有とされる論理的計算を真似する凝った機械をデザインして有名になる。

それらの機械はターク同様に、機械知能《マシン・インテリジェンス》が可能かどうかという論争の対象になるものだった。ケンペレンのオートマトンはバベッジを刺激し、彼が自分のチェスを指す機械を作る可能性を探らせることとなった。つまり、バベッジがメルランの機械仕掛け博物館を訪れた結果、チェス、知能、計算という主題が互いにほどけないほど固くより合わされたのだ。

ケンペレンは晩年にはウィーンで隠遁していたとはいえ、タークはヨーロッパ中の憶測や物語の源泉であり続けた。ヨーロッパを率いる人々との会合に関するホラ話に加え、タークはもっと通俗的なフィクションのネタにもなった。ドイツの役者ハインリッヒ・ベックの書いた「チェスマシン」という劇作は、ライプチッヒで1797年に公開され、19世紀初頭にかけて非常に人気を博したものだったが、ベルリンやウィーン、ミラノやヴェネチアでもこれを改作したものが出回った。

フランス人のブノワ＝ジョゼフ・マルソリエが書いたドラマ「チェスプレイヤー」はパリで1800年から01年にかけて上演された。その話は、ある老獪なチェスプレイヤーの娘に恋した若い兵士が、そっとその家に忍び込んでチェスを指すオートマトンの中に隠れ、その娘が急にチェスに非常に興味を示すという筋だ。そして最後に2人は結婚するというハッピーエンディングの物語だ。

ケンペレンのオートマトン、少なくともチェスを指す機械に人が潜んでいるという可能性は、人々の興味を刺激するものだった。ケンペレンがどうにかして一般の興味をそごうとしたものの、タークは結局生きた伝説となった。

1790年にヨーゼフ2世が逝去した後も、ケンペレンはその後継者であるレオポルド2世、また彼を1792年に継いで皇帝となったフランシス2世にも仕えた。ケンペレンは1798年に引退し、余生をウィーンで過ごし、彼の家は科学者や芸術家やインテリたちの集まる場所として有名になった。1801年にケンペレンはコベンツル伯爵(何年も前に、登場したばかりのタークに敗れた)の創設したウィーンの王立芸術アカデミーの上級職を与えられたが、健康を理由に辞退した。

ケンペレンは1804年3月26日に70歳で亡くなり、2日後にウィーンで埋葬された。ケンペレンの家族がその後に彼の名を冠した記念碑を建て、その表面にはローマの詩人ホラティウスの「Non omnis moriar」という言葉が刻まれており、これは「私は完全に死んだわけではない」という意味だ。この碑文はケンペレンの天才的な精神は生きているという、まったく当を得たものだが、彼自身が選んだとしたらもっと違ったものになったかもしれない。ケンペレンは晩年にはチェスを指すオートマトンが、自分の人生の他の業績に影を落とさないように努力していた。しかし彼の死後数年で、疲れを知らないタークは——木箱に入れられその動きは謎のままだったが——劇的な再生を果たすことになる。

第7章 皇帝と王子

ナポレオンのモスクワからの撤退：黒のキングで表されたナポレオンが、白のクイーンに斜め方向すべてが支配されている盤面を渡るという、チェスパズルの一種。黒のキングはコサックの騎兵隊を表す白のナイト2つに追われている。このパズルは1824年にサンクト・ペテルブルクで出版された本に登場した。

チェスは盤面の上の戦争である。その目的は相手のエゴを粉砕することだ。

——ボビー・フィッシャー

1809年5月にフランス皇帝ナポレオン・ボナパルトはウィーンに入り、シェーンブルン宮殿に総司令部を作った。当時のナポレオンはヨーロッパで最も力のある人物だった。彼の帝国はフランスからイタリア北部、オランダ周辺からオーストリアとハンガリーを含むヨーロッパ中央にまで広がっていた。しかし1809年2月に、ナポレオンがスペイン攻略に邁進しているのに乗じて、オーストリア軍が反乱を起こした。ナポレオンはオーストリアに舞い戻り、7月になってオーストリア軍をヴァグラムで猛攻撃し、たった2日で制圧してしまった。そして彼は平和交渉が行われている夏場をシェーンブルン宮殿で過ごした。

その期間中、コンサート、バレエ、劇、花火とありとあらゆる余興が催されたが、8月には皇帝の誕生日を祝う盛大な催しがあった。夏季の多くの催しには芸術家や科学者も動員されたが、その中にはヨハン・ネポムク・メルツェルという発明家が含まれていた。彼は戦争で手足を失った兵士のために、多くの義肢を展示していた。ナポレオンはこれを見て感心し、メルツェルに戦場から負傷した兵士を運べる、現在の救急隊が使っている折りたたみ式の担架によく似た、折りたたみ式の台車を作るように提案した。メルツェルはその提案を受け、そこで偶然、皇帝が喜ぶのではないかと思い、チェスを指す機械の話をした。

メルツェルは数年前にケンペレンの息子からタークを買い上げていたが、この人ほどヨーロッパでタークを守るのにふさわしい人はいなかった。1772年にバイエルンで生まれたメルツェルは、オルガン職人の息子として腕を磨き、技術者でかつ音楽家として頭角を現した。少々ピアノ教師を務めた後に、機械技術を学ぼうとロンドンやパリに旅して、自分の2つの得意分野を併せて大がかりな音楽を演奏するオートマトンの製作に取りかかった。技術者としてのメルツェルはヴォーカンソンやケンペレンと並び称される名声を得ていたが、彼はもっと大衆の趣味を巧みに捉えた興行師としてのすぐれた才を備えており、ある書き手は彼を「エンターテインメントの王子」と称していたほどだ。彼はパンハルモニコンと名づけた音楽オートマトンを作って、1805年に初めてウィーンで展示した。それは機械でできた、トランペット、クラリネット、バイオリン、チェロ、打楽器を含むオーケストラで、それが縦横6フィート高さ5フィートの大きさにまとめられ、まるで巨大なオルゴールのように鋲の打たれた回転ドラムで制御されていた。

パンハルモニコンは人気を博し、特に静かな曲の演奏に味があると評判だった。メルツェルはこのパンハルモニコンを1807年の初頭にパリに持っていき、そこで毎日2回の興行を数カ月にわたって行った。7月になって興行を延長することにし、新しい出し物を加えて入場料を3フランから6フランへと2倍に値上げした。彼はパンハルモニコンをマネージャーに預けてパリを去ってウィーンに帰り、次の年にはトランペットを演奏する新しいオートマトンを持ってパリに戻ってきた。

このトランペット吹きはパンハルモニコンを上回る評判だった。それはヴォーカンソンの作った2つの音楽を奏でるオートマトンよりもっと出来がよいと見なされ、その演奏はまるで生きているようだったので、多くの人が間違ってそれは詐欺ではないかと疑った。メルツェルはトランペット吹きの胸の中に入っている刻み目のついたドラムを交換すると、いろいろな曲を演奏できるようにしておいた。そのトランペット吹きは普通、騎兵隊行進曲を演奏しており、よくメルツェル自身がピアノで伴奏をつけていた。

1808年になってメルツェルはパンハルモニコンを6万フランで売却したとされ、ウィーンに戻ってくるとシェーンブルンの王宮技師に任命されたが、それはケンペレンが務めていた職に相当する。両者は互いのことを多かれ少なかれ知っていただろうし、あるときはメルツェルがケンペレンからタークを買い取ろうとしたかもしれない。そして結局は、メルツェルはケンペレンの死後に、息子からタークを買うことになる。そして彼はそれを組み立て直し、壊れた部品は直し、その操作の秘密を自ら再発見しなくてはならなかった。しかし彼はそれを1809年までに成し遂げ、ナポレオンがその年にシェーンブルンにやって来たときにはタークを完働状態にして見せられるまでになっていた。

ナポレオンとの出会いはタークのキャリアの中でも最も有名な逸話だろう。これを目撃したナポレオンの従者ルイ＝コンスタン・ワイリーによれば、メルツェルはこのチェスプ

ナポレオン・ボナパルト

レイヤーを自分が作ったと主張したという。メルツェルが他人の発明を自分のものと偽ったのはいつものことだったが、タークはその時点で4分の1世紀の間も世間に出回っていなかったので、それが違うという声は出てきそうにもなかった。一方、メルツェルはそのオートマトンの秘密が見破られないようその後も改良を加えていたので、自分がそれを作ったということは正当だと思っていたかもしれない。

メルツェルはナポレオンが最も信頼している将軍の1人ヌフシャテル王子の館にタークを据えつけた。「皇帝はそこに向かい、われわれも他の何人かとついていった」とコンスタン（彼の通り名）は1830年に出した回想録で書いている。ナポレオンとタークの対戦について書かれたものはたくさんあり、中にはより信頼できるものもある。

コンスタンの回想録はゴーストライターの書いたもので、かなり怪しい話も入っているが、この対戦の話はそのままを書いた短いものだ。他のもっと派手な話はこのコンスタンの話を基にしていると思われ、いろいろな方向に脱線していくが、そのせいで互いに矛盾しているのだろう。

「オートマトンは試合用にあつらえられた、チェス盤が乗ったテーブルの前に座っていた」とコンスタンは書いている。「皇帝閣下は椅子を取り、オートマトンの反対側に座って、笑いながら〝さあかかってこい。われら2人で勝負だ〟とおっしゃると、オートマトンは会釈して皇帝に向かって先に始めるように手で促した。試合が始まり、皇帝は2、3回駒を動かしたが、わざと間違った進め方をした。するとオートマトンはお辞儀して、その駒を元の位置に戻した。皇帝がまた嘘の動きを仕掛けると、オートマトンはまたお辞儀して、今度はその駒を取り去った。皇帝は〝そのとおり〟と言ってまた反則の手を打つと、オートマトンは頭を振って、チェス盤の上に腕を伸ばして、すべての駒を倒した。皇帝はその機械技師をえらく褒められた」。

ナポレオンがルールを無視したときに、タークがその権威に無謀にも挑戦したというテーマは、その後の皇帝とタークの出会いの話でも中心的な話題となっている。アメリカのチェス作家ジョージ・アレンが1859年に語ったものでは、メルツェルはナポレオンにタークのチェス盤の前に座ることはさせずに、ケンペレンがやったように、タークとは絹のロープで隔てられた自分用のチェス盤の前に座るよう強く主張した。ナポレオンがそのロープを乗り越えようとすると、メルツェルは彼に「閣下、それ以上近づいてはなりませぬ」と言ったとされるが、皇帝はニヤリとして自分の机に戻った。しかし同年に発表されたサイラス・ウィアー・ミッチェルの本によれば、ナポレオンが「余は離れた場所では競わない！ われわれは対面で戦うのだ」と大声を上げたので、タークは頷き、皇帝はオートマトンの正面に座ったことになっている。

こうしたコンスタンの話に尾ひれをつけた話はどれも信用はできない。タークとナポレオンの出会いに関する付加的な話の多くは、タークに馴染みのない読者にこのオートマトンがどういうものか説明するための方便だったと思われる。ナポレオンと絹のロープの話は多分、ヨーロッパのほとんどを支配するような大物でも、タークが試合中には近くに寄ることが許されなかったということを示すために加えられた話だろう。ミッチェルの話では、ナポレオンがタークとの第1戦に負けた後、内部の機械の動きを攪乱《かくらん》しようとキャビネットの上に大きくて強力な磁石を乗せたが、次の試合も負けてしまったという。ナポレオンは次にタークの頭や胴体に女性用のショールを巻いて、中に隠れたオペレーターが胸のあたりの穴からチェス盤を覗いているという理論が正しいか試そうとした。その試合でもまたタークが勝ち、ナポレオンはチェス盤から駒を払って怒鳴り散らしながら部屋を出ていった。しかしこうした詳細は信憑性に欠け、初心者にタークがチェス盤の上に磁石を置いても身体をショールでくるんでも動くということを説明するため加えられたものだろう。

ミッチェルの話は疑いもなく最も作り込まれたものだが、他にも多くの正しくない引用部分があるため評価は低い。彼はフリードリッヒ大王がタークを買ってその後ベルリンにしまいこんだ話を真に受け、ナポレオンは１８０６年10月にベルリンで対戦したと主張する。ミッチェルはまた、タークが英国のジョージ３世や、フランスのルイ15世とまで対戦したと嘘の主張をしている（ルイ15世は１７７４年に亡くなっており、その頃タークはまだウィーンから外には出ていなかった）。総じて言うなら、ミッチェルの本が書いている出来事は、その出版の数カ月後にアレンが指摘したように、まるで信用に足るものではなかった。アレンがメルツェルの知人２人から直接個別に聞いたとされる話はもっと信用できそうで、それによると絹のロープの件以外は、コンスタンの語った話にかなり合致している。

ナポレオンがベルリンでタークに会ったという話は、１８３４年にフランスで出版された『マガジン・ピトレスク』という雑誌に載った署名のない記事によっていると思われるが、その記事は明らかにメルツェルの関係者から得た情報に基づいて書かれている。この記事が元になって、1836年に『パラメッド』という世界初のチェス雑誌に載った、マチュー＝ジャン＝バティスト・ド・トゥルネーのより長い記事が書かれ、1839年には『フレイザーズ・マガジン』にジョージ・ウォーカーが「チェス・オートマトンを解剖する」という記事を書いた。フリードリッヒ大王とベルリンの間違った点を除くなら、それら3本の記事は絹のロープやショール、磁石などには言及しておらず、すべてがコンスタンの話と一致している。

ナポレオンに関するもっとおかしな話が、1844年に『イラストレイティッド・ロンドン・ニュース』のチェスのコラムに掲載された。この記事ではコンスタンの話と同じく、ナポレオンがズルをしてタークが試合を拒否したものの、その後にルールを守ると約束してもう一度試合を行ったとされる。この試合は19手まで指され、それを見学していた観客が記録したらしい試合展開が紹介されている。この試合はいろいろな点で興味深い。まずタークは15手の後にナポレオンのクイーンを取らず勝つチャンスを逃すという、明らかにまずい展開をしているが、結果的には勝つことになる。しかしこの試合の情報源はわからないので、偽の話として無視してもかまわないだろう。

しかし、なぜナポレオンとタークの邂逅が出版されるまでに、20年以上の月日を要したのだろうか？　当時の記録がないのは驚くべきことでもなく、この試合に立ち会ったのはほんのわずかな人だけだったろうし、ナポレオンの壮大な生涯の中でこれが非常に重要だとか記録に値するというものでもないので、コンスタンの4巻にもわたる回顧録の中のたった1段落分しか書かれていないということなのだろう。それにコンスタンが1830年まで回顧録の発表を控えていたのにはわけがある。1815年から30年にかけてフランスはナポレオンの敵によって支配されており、彼を慕う人が書いた好意的な内容の出版はできなかったのだ。

この話の肩を持つなら、タークとチェスで対戦しただろう他のヨーロッパの君主と違って、ナポレオンはこの試合に本当に興味を持ったと言うべきだろう。ナポレオンは偶然にも1769年、つまりケンペレンが自分のオートマトンを作り始めた年に生まれている。1790年代の青春時代に、ナポレオンはパリのカフェ・ド・ラ・レジャンスでチェスを指していた（このカフェの所有者がその後、1798年にナポレオンがチェスを指した小さな大理石のテーブルに、その記録を彫らせた）。ナポレオンのチェスの腕前についてはいくつかの逸話が残っているが、タークとの一戦についての記録の詳細に関しては、事実と虚構が入り混じっている。しかし、ナポレオンは弱かったものの、彼の取り巻きは勝ってしまうと後が怖いのでわざと負けていたため、本人が能力以上に自分は上手だと信じていたことだけはかなり明らかだ。

こうした話がすべて信じられる裏づけとして、1809年から12年の間のどこかの時点で、タークがナポレオンの養子ウジェーヌ・ド・ボアルネによって買われたという紛れもない事実がある。ウジェーヌはナポレオンの妻ジョゼフィーヌの前の夫（1794年にギロチンで処刑される）との子だ。ウジェーヌは最初、母が再婚する決意をしたことを憤慨していたが、すぐにナポレオンになつき、彼の副官に叙せられる。ウジェーヌはその後も、ナポレオンの最も勇敢で忠誠心のある信奉者として目立つ存在だった。1809年にはイタリアの総督に任じられ、ナポレオンがバイエルンのアウグステ・アマーリア王女と結婚させた。

ウジェーヌは継父と同じく、チェスのファンだった。1809年の夏にはシェーンブルン宮殿に頻繁に出入りしていたものの、ナポレオンとタークの試合に同席していたかどうかについては何も言っていない。しかし彼はメルツェルのオートマトンについて聞いており、自ら見学に赴いた。10月の初めには平和条約締結を目前にしており、ウジェーヌはミラノにじきに帰らなくてはならないので、買い物に明け暮れていた。彼は息子には玩具を、妻には磁器や版画などを買っていた。その他にも大きなものとして、馬を何頭も、また少なくともピアノを2台求めていた。その月に買おうと考えていたものの中に、タークもあったとしてもおかしくない。

ウジェーヌはこのオートマトンに格別な興味を示し、その秘密を教えろとしつこく迫った。メルツェルはウジェーヌがそのオートマトンを買うなら教えると言ったが、彼が本気なのがわかると、その値段を自分で買ったときの3倍にあたる3万フランだと告げた。ウジェーヌは同意し、タークの秘密を知ることとなった。この話が、フリードリッヒ大王、エカテリーナ大帝や当然のことながらナポレオンといった、他の国家元首がタークの秘密を探ろうと買収を仕掛けた話の元ネタとなっているのだろう。こうした話はウジェーヌがこのオートマトンを手に入れた後に初めて、タークに関する本や記事に出現している。ウジェーヌがそのオートマトンを買ったことは間違いないが、買い上げたのが1809年のシェーンブルンでなのかははっきりしておらず、ウジェーヌがメルツェルをミラノに招いてその際にタークを彼から買ったという可能性もある。しかしどちらにせよ、オートマトンはウジェーヌの所有するものとなった。ウジェーヌはその後、買ったものに興味を失ってしまうが、実際のところメルツェルに騙されたと感じたのかもしれない。1812年にはザクセン＝ワイマルのカール・ベルンハルト公爵が、ミラノのウジェーヌの宮殿で「不名誉な静養」中のタークを見ており、他にも同じ時期にミリンという旅行者が目撃している。その年にはウジェーヌは継父を追って悲惨なロシア戦線に参加していた。無視され忘れられたタークは、その後も度々あった冬眠の時代を過ごしていた。

メルツェルは1812年のほとんどの時間を改良型パンハルモニコンの開発に充てており、その資金を得ようとしてタークを売却したという可能性もある。彼は生涯にわたってオートマトンを作るばかりか、気ままに売り買いもしていた。しかし金の使い方はでたらめで、機械展示で儲ける才能はすぐに逆の浪費の才能によって相殺され、美食や高価なワインへと流れていった。メルツェルは文字どおり彼のそれまでの業績を超えヨーロッパ中の話題となるだろう、彼の新しいパンハルモニコンに大きな望みを託していた。

ウィーンのピアノ工場に作業場を作った彼は、作曲家のルートヴィヒ・ファン・ベートーヴェンとの交友関係を築いた。パンハルモニコンの製作の途中にも彼は他の数々の発明をしており、その中にはベートーヴェンのために作った1対の補聴器（長年難聴で苦しんでいた）や音楽用クロノメーターもあった。後者は突起のついた車輪が回ってレバーを上げ下げし小さな木片を叩くと、一定間隔でカチカチと音が出るものだった。音の間隔は調整でき、この装置は曲のテンポを計るために使うことができ、現在のメトロノームの先祖ということができる。

しかしメルツェルの主要な関心は、1812年末に一般公開される予定だったパンハルモニコンに向かっていた。それはそれ以前のものより大きく7フィートの高さがあり、打楽器の部分が拡張され、弦楽器も増やされ、鋲を打ったシリンダーに収録された楽曲のレパートリーもハイドン、ヘンデル、ケルビーニと幅広かった。それは、メルツェルのクンストカビネット（Kunstkabinett：芸術の部屋）、つまりメルツェルや他の職人の作った芸術的・科学的な珍品を集めた博物館の誇りとなる作品だった。展示されているのは大理石や青銅の彫刻、絵画やオートマトンなどだった。しかし何といってもその中のスターは、メルツェルのピアノと新しいパンハルモニコンが伴奏する、騎兵隊行進曲を演奏するトランペット吹きのオートマトンだった。メルツェルはロンドンに興行に出かける計画を立て始め、2つの音楽オートマトンが評判になって大儲けできるはずだと考えていた。

その頃にメルツェルはまた別の大がかりな機械作りに取りかかっていた。それは「モスクワの大火」と呼ばれ、1812年9月に、迫りくるナポレオン軍の手に落ちるぐらいならとモスクワの住民が自ら街を焼き払った破壊の様子を再現した、動くパノラマもしくはジオラマだった。メルツェルは、2度も自分たちの街を蹂躙した皇帝がいまでは運も尽き果てているのを見たウィーンの市民が、こうしたジオラマを見て喜ぶのを知っていた。同じようにメルツェルは、ナポレオンを軽蔑するロンドンの住民が、これを大いに受け入れるとわかっていた。そこで彼は、小さな家、教会、橋などを並べ、凝った効果音の出る仕掛けや音楽、花火まで入れたジオラマが完成するまで旅を延期していた。

1813年6月21日にフランス軍は、ヴィットリアでウェリントン公爵に敗れ、ナポレオンのスペイン併合の夢はついえた。その報を聞いたメルツェルはある計画を思いついた。この事件を題材にした曲を新たに作ってパンハルモニコンに演奏させれば、ロンドンの初演で大受けするに違いないと考えたのだ。当時、戦闘や包囲攻撃を題材にして、ドラムの入ったマーチやトランペットの華麗な音で愛国心を盛り上げるテーマの楽曲は人気があった。メルツェルはそういう曲の概要をさっと書きとめ、ベートーヴェンに曲を作ってほしいと依頼した。すると彼はすぐに受けてくれた。ベートーヴェンは1804年に彼の交響曲第3番「エロイカ」をナポレオンに捧げていたが、その次の年にナポレオンが自ら皇帝になると宣言したのを聞いて、怒って献辞を取り下げていた。

ベートーヴェンは4カ月以内に楽譜を完成させた。メルツェルは「ウェリントンの勝利」という題のついたこの新曲を、パンハルモニコンのシリンダーの鋲の配置に置き換える作業にかかったが、その途中でまた新しい考えが浮かんだ。ベートーヴェンはロンドンへの旅に同伴したがっていたが資金がなかった（実際にはメルツェルが彼に50デュカットを貸しつけていた）。そこでメルツェルはこの新曲をウィーンでオーケストラに演奏させて旅行のための資金を捻出しようと提案した。その演目にはベートーヴェンが新たに作曲した作品（交響曲第7番）や、メルツェルのトランペット吹きのオートマトンがオーケストラの伴奏で演じる行進曲２曲、「ウェリントンの勝利」のオーケストラ版も含まれていた。パンハルモニコンはこのコンサートには出されなかったが、オーケストラが新曲を披露すればその後に出てくるパンハルモニコン版への期待が高まるだろうと踏んだのだ。

ベートーヴェンとメルツェルは支持を求め、ウィーンの音楽関係者のつながりをうまく使って、すぐに市内の最高の音楽家を集めたオーケストラを結成した。12月８日に開催されたコンサートは大成功だったので、12月12日にも追加公演が行われた。ベートーヴェンはそこで３度目の公演を１８１４年１月２日にも仕掛けたが、「ウェリントンの勝利」の所有権をめぐってメルツェルと仲たがいが生じた。メルツェルは当然のことながら、自分が曲の概要を描き、ベートーヴェンが「好意の贈り物」としてその残りを埋めたので、自分の持ち物であると考えた。しかしベートーヴェンとしては、このコンサートの宣伝ポスターにはこの新曲の作曲家として自分の名前が出ていないことを怒っていた。彼はメルツェルが自分を騙して新曲の権利を50デュカットで買い上げたと主張した。２人は弁護士のところに赴き、話をつけようとした。しかし、短気で喧嘩っ早いメルツェルと、朴訥《ぼくとつ》で不器用なベートーヴェンという正反対の性格では、互いの主張の差を埋めて和解することは無理だった。メルツェルは次にミュンヘンで新曲をパンハルモニコンに演奏させる公演を２回行い、またベートーヴェンを怒らせることになる。ベートーヴェンはメルツェルに対して裁判を起こし、ロンドンの友人にメルツェルは新しい曲を演奏する権利を持っていないと手紙を送った。

メルツェルはロンドン旅行の準備のためにクンストカビネット博物館を閉じ、ベートーヴェンからの攻撃で評判を落としたこともあり、ウィーンを離れてアムステルダムに移り住み、そこで音楽クロノメーターの開発を再開した。メルツェルは以前にアムステルダムを訪問した際に、似たような装置を開発しているディートリッヒ・ニコラウス・ウィンケルというオランダの発明家を訪ねたことがあった。そこで1815年にウィンケルを再び訪ねて、その後の進捗状況を尋ねると、彼は自慢げに新しいデザインの装置を見せてくれた。それには金属の棒状の振り子がついていて、錘の位置をずらすことでテンポを調整することができるものだった。メルツェルはこの方式のほうが自分のものよりはるかに優れているのに気づき、その権利を買い取ろうと提案したがウィンケルは拒否した。そこで1816年には自分でちょっとした改良を加え、彼はパリでウィンケルの発明を自分のものと偽って特許を申請した。そして彼はその装置を製造・流通するための会社を設立し、それに「メルツェル・メトロノーム」という名前をつけた。このメトロノームは最初の何カ月かはフランス、英国やアメリカではよく売れたが、ドイツやオーストリアではうまく伸びなかった。1817年にメルツェルはウィーンに帰ってベートーヴェンと和解することにし、彼にこのメトロノームを認めてくれるよう頼んだ。

驚いたことにメルツェルとベートーヴェンはすぐに喧嘩していたことを忘れ、法的にかかった費用を分割して払うことに合意した。ベートーヴェンは「テンポは個人が感じるものだ」と主張し最初はメトロノームに懐疑的だったが、意見を変えて自分の楽譜に「M・M」（メルツェル・メトロノーム）と表記して数値を書き込んで、正しいテンポを表示するようになった。ところがこのありがたい保証があったにもかかわらず、いかにも彼らしいことに、彼はまたすぐに新しい計画に没頭しようとあたりを探り始めた。音楽関係の機械の仕事はやり尽してしまったので、旧知のタークと旧交を温めるときが来たと考えたのだ。

その頃にはタークはミュンヘンにあって、ウジェーヌ・ド・ボアルネが所有していたが、彼は1815年のワーテルローの戦いでナポレオンが失脚した後に引退していた。そこでメルツェルはミュンヘンに行って、再度買い戻す交渉をすることにした。今やリヒテンベルク公爵と称するウジェーヌと彼がどういう契約を交わしたのかは完全に明らかにはなっていない。金儲けがうまいもののすぐに使ってしまうメルツェルは資金不足だったが、ウジェーヌは自分が以前に買った値段、つまり3万フランでしか売らないと強固に主張した。

ある記述によると（1836年の『パラメッド』のド・トゥルネーの記事）、タークはウジェーヌの所有物のままで、メルツェルがそれを展示した上がりから、この金額の利子分を一種のレンタル代として払うという条件で合意したとされる。しかしあるメルツェルの関係者は、彼が分割払いで買い戻すことにしたと主張している。その後数年してメルツェルが書いた手紙では、タークを「ウジェーヌ王子から委託されたチェスプレイヤー型オートマトン」と記述しているので、それは完全にウジェーヌの所有物のままだったということになる。どういう経済的な取り決めがあったのかはさておき、ウジェーヌはメルツェルがタークをヨーロッパ域内でのみ展示するというさらなる条件をつけてタークを渡した。

タークが完働するよう修理した後、メルツェルはまだ世界のチェス流行の中心だったパリに向かった。1818年のかなりの期間にわたって、彼はタークをトランペット吹きのオートマトンやパンハルモニコンと一緒に展示した。しかし彼はまだ、パンハルモニコンと「モスクワの大火」を英国に持っていくことを夢見ていた。そして秋には旅をするための資金が集まった。メルツェルは再びオートマトンを包装し、その他雑多な機械を持ってロンドンに向かった。そこで彼はこのまだ神秘に包まれた機械を検査する最も洞察力ある人物に遭遇することとなる。

第8章 知能の領域

エスケープ・スクエア：キングがチェックメイトにならないよう退避できるよう空けられた桝目。

汝は憶測を呼び起こすすばらしき原因
深い研究と認識
多くの頭脳と国々
しかしそれらはすべてむなしい
誰もその機知をもって
銀、金、鉄、絹や革
人の部位もすべて合わせて
汝の頭脳ができているのか答えることができただろうか！

――ハンナ・フラグ・グールド「オートマトンのチェスプレイヤーへの言葉」（１８２６）

ヨハン・メルツェルの読みが当たったように、彼の一連のオートマトンはロンドンで受けの良い熱心な観客に迎えられた。最初にメルツェルはロンドンのオートマトンの展示場として定番だったスプリング・ガーデンの4番ホールを借りて、そこにタークとトランペット吹きのオートマトンを展示用に並べた。まず人々の注目を浴びたのは、人間よりすがすがしく、謙虚に、間違いなく演じるトランペット吹きだった。1818年9月26日の『リテラリー・ガゼット』は、アンコールを求められたトランペット吹きが「その才能をみせびらかす様子もなく、すぐに動ける体勢を取り、つまりネジを巻かれて再度同じ美しい音色を出し、昔から大好きだった曲を損なうような余計な装飾音などいっさい加えない。われわれはこうした謙虚さ、沈着さや礼儀を、すべての一流の歌手や音楽家にも求めたい」と肯定的に述べている。

しかしタークもまたすぐに一般の注目を浴びるようになった。ほとんどの試合に勝利し、メディアの扱いは好意的で、多くの人が押しかけた。メルツェルは最初、週3日の公演とし、チニスプレイヤーは午後の1時と3時に現れ、夜は8時からトランペット吹きの前座つきで長めの公演を行った。1819年の2月には人気が沸騰したので、メルツェルは日曜日以外のすべての日に公開することにした。スプリング・ガーデンの4番ホールは狭かったので、彼は対戦相手をタークの正面に座らせて、別の机にもう１つチェス盤を置くことはしなかった。

実際のところメルツェルは以前にケンペレンがやっていたのとまったく同じ方式でタークを公開していたが、ケンペレンがやっていたような、まるでタークの動きに関係あるかのように公演中にときどき覗き込んで秘密めかした木の箱を使うことだけはしなかった。チェス作家のリチャード・トゥイスによれば、彼はケンペレンが１７８３年に初めてロンドンにタークを連れてきたときに箱について尋ねたところ、「試合中に展示者がしばしば覗いている小さな四角い箱には秘密が隠されており、彼によればしばしば交信を行うものとのことだった」。本当のところは、こうした説明はどれも、箱が目くらましに過ぎなかったことを物語っており、メルツェルがそれを使わなくなったことでタークの機構の秘密に何ら影響を与えるものではなかったことが明らかになった。この点についてうるさく聞かれたメルツェルは、ただ「いまの人々は理知的だが、当時は迷信を信じていただけ」と答えた。

タークに対するその頃の関心の高さを示すものとしては、タークの演技や仕掛けについて憶測する本がまた新たに出されたことが挙げられる。『現在ロンドンで展示されているチェスプレイヤーのオートマトンに関する所見』という小冊子は「オックスフォード大学出の誰か」が書いたものとして１８１９年の春に出され、新聞や雑誌に頻繁に引用された。しかしこの本は１７８９年のラクニッツの本以来のタークを専門に分析したものであったにもかかわらず、オックスフォード大学を出たと称するには値しないものだった。その本の大半はウィンディシュの手紙の焼き直しで占められ、それに続く分析も、オートマトンは多分、外部から「ワイヤーもしくは髪の毛ほどの太さのガット」で操られているというような、内容に乏しいものだった。タークは公演中に動かされることもあるのだから、これは最も信憑性に欠ける説明といえるだろう。

ロンドン公演が終わると、タークは１８１９年の夏に英国北部やスコットランドのツアーを開始し、リヴァプール、マンチェスター、エジンバラなど多くの小都市を巡回した。ロンドンに戻ると、またウィンディシュの書簡集の英語版が再版されており、少なくとも新聞1紙は連載記事を掲載していたせいもあって、タークを見たいという声は衰えを見せていなかった。新たにタークを見たい人々を受け入れるため、メルツェルはジェームズ通り29番地にあるもっと大きな展示場に移った。そのおかげで、展示を拡張することができ、「モスクワの大火」のジオラマや、その頃までにパンハルモニコンを組み替えたオーケストリオン（ロンドンでは１８１１年から１７年にかけて、作曲家のフランツ・ヨーゼフ・ハイドンがその製作者に同じくパンハルモニコンという名前を提案したオートマトンが知られており、名前を変更する必要があった）などを展示することができた。

メルツェルは1819年から20年にかけての冬季の公演では、タークのショーに新たな工夫を加えていた。まず彼は、ケンペレンの作った音声発生器を元にした簡単な喋る機械を加え、敵のキングに王手をかけるときに3度頷くのではなく、「チェック」と喋るようにした。メルツェルはその後にフランスに旅した際には、この発声装置に手を加えてフランス語のチェックにあたる「エシェック」という音声を発声するようにし、以降タークはフランス語も喋るようになった。

その上メルツェルは、対戦相手が先に黒の駒を動かすことも許し、先手であることの優位性を譲った。しかしそれがすべてではない。メルツェルはまた、タークが8つのポーンのうちの1つを使わずに対戦するとも述べた。ポーンはチェスの駒の中では最も弱いとはいえ、これはかなりの譲歩でもあった。しかしこの「ポーンと先手で優位を与える」2つのハンディを与えたにもかかわらず、タークはその後もほとんどの試合で勝利していた。メルツェルの新しいチラシには「チェスプレイヤーのオートマトンは、エジンバラやリヴァプールで、（ハンディを与えて）最良の指し手との200回に及ぶすべての試合で相手をくじいて帰還し、第2期のシリーズを開始します……。どんな方にでも、ポーンと先手の2つのハンディを与えて対戦します」と誇らしげに案内が書かれていた。

このチラシにはタークがトランペット吹きのオートマトンや「モスクワの大火」のジオラマと一緒に展示されることを宣言しているが、「モスクワの大火」については「デザイン、メカニズム、音楽を組み合わせて、自然の革新的な模倣、つまり本当にあった事件の完璧な模写を行うもの。その眺望は高台に作られたクレムリンの要塞からのもので、フランス軍の隊列の先頭が進軍しようとし、住民たちが皇帝の住む首都から退避している瞬間である。炎が徐々に勢いを増し、避難者が騒ぎながら大急ぎで移動し、侵略者は意気に燃え、戦争の騒音が響きわたり、それを見る観客に、言葉に尽くしがたい、その場面の持つ本当の姿を伝えて感動させる」と説明している。そのほかこのチラシにはもう1つ興味深いことが小さなイタリック体で「M（メルツェル）氏はオーケストリオン、トランペット吹きオートマトン、〝モスクワの大火〟やメトロノームの特許などを処分いたしたく手放すことをここに発表します」と書かれていた。明らかにメルツェルは急いで資金を調達する必要があったようで、これは多分、ウジェーヌ・ド・ボアルネへの支払いが滞ったためと考えられる。

1819年から20年の興行の間に、メルツェルは一緒に仕事をしていたW・J・ハネマンに、タークの戦った50の試合の記録をつけさせていた。それらの試合については『1820年のロンドンでの展示中に、メルツェル氏の許可のもと、チェスプレイヤーのオートマトンが戦った試合の現場での記録から選ばれた50の試合』という小冊子にまとめられて出版された。この本はタークの展示会場で売られ、新たな収入を生み、さらなる宣伝にも役立った。それはまた、タークに挑戦したいと考えている人に、その戦略や指し手の癖を研究する役にも立った。この本に出ている50の試合でタークは、45勝3敗2引き分けの成績を残している。これはこの小冊子のまえがきによると、この期間に毎回ポーンと先手を譲って300試合以上をこなしているタークの代表的な事例ということなので、その計算でいけばタークは18試合ほどしか負けていないことになる。実際のところ50の試合結果を研究してみると、ポーンと先手を譲ったことはほとんど影響を与えていないかのようだ。白のポーンを除いたことから、チェスのいろいろな「標準的なオープニング」を知っている指し手も、少し混乱をきたしていたのかもしれない。

次の年の夏には、メルツェルはまた英国の他の場所で展示を行った。彼は特定の都市で、短期の限られた形での展示を行うと非常に儲かるということに気づき、リヴァプールで2週間公演するほうが、ロンドンで6カ月やるより利益が上がったと主張している。

公演は定期化し、秋になるとタークは冬季公演のためにロンドンに戻った。新聞での評判はどれも引き続き良く、メルツェルがうまく操作していたため疑う声は何も出ていなかった。『ニュー・マンスリー・マガジン』はオックスフォード出のオートマトン評をまたほとんど引き写して、「この狡猾な異教徒（なぜならトルコ人の姿をした人形だったので）は、キング、ルーク、ナイトなどを精神の賢明さをもって動かし、われわれの知る限りハンディを与えているのに負けたことはなく、ほんの数回引き分けただけで、ヨーロッパの最も熟達したチェスプレイヤーをも打ち負かしてきた」と宣言していた。しかし、タークは間もなく最も賢明で明敏な観察者ロバート・ウィリスという若者に出会うことになる。

ウィリスは1800年にロンドンで医者の一家に生まれた。彼の祖父フランシス・ウィリスは、1788年にジョージ3世が初めて「狂気」の発作を起こしたときにそれを治療した功績で、政府から毎年1000ポンドの年金を支給されていた。ロバートの父トーマスは、祖父の後に王に仕える外科医となり、その後に王が患った、現在ではポルフィリン症と呼ばれる病気の症状に対応した治療を行った。しかしこうした医者の家系にもかかわらず、ロバート・ウィリスはメルツェルのように音楽と機械学という2つの事柄に興味を抱くようになる。彼は1819年にハープのペダルの機構を改良する特許を取得し、その年に注目が集まっていたメルツェルのオートマトンの展示に自然と惹かれるようになった。タークが動くのを見たウィリスは、その仕組みがどうなっているかを想像して出版し、その正体を暴きにかかった。

彼の妹によると、ウィリスはタークを何度か見にいっていた。彼が最初に行ったのは1819年のスプリング・ガーデンの公演で、屋内の閉じられた環境で見ることは「その人形が演じているときに近くに寄って、いろいろな機会に何度も観察できるので好都合だった」と述べている。彼は展示会に忍び込み、傘を使ってこそこそとそのキャビネットの大きさを「非常に正確に」計測し、それが見かけよりも大きく、成長した大人のオペレーターでも中に入れるサイズであることを突き止めた。1820年12月までに何回も見にいったウィリスは、自分の観察した結果を出版できるまでになっていたが、匿名で出すことにした。彼の出した小冊子『チェスプレイヤーのオートマトンの解析試論……とその有名な人形の動作を真似る簡便な方法』は1821年の初頭に出版された。彼は「小人が入って、半透明のチェス盤を使って、磁石で操作しているとか、展示者が細くて観客に気づかれないような糸やガット弦を使って操っている」という憶測を容赦なく否定し、そのキャビネットの中にオペレーターが隠れているという、もっと簡単な説明を行った。

ウィリスはまずタークの演技の詳細な説明から始め、特に扉や引き出しの開け閉めの順番に注目して、それをいくつか図解して示した。そのオートマトンの動きは、「ただの機械仕掛けによるもののように見せかけ、念入りな説明で際立った特徴を印象づけ、ほぼ40年の間に物見高い人々の称賛を鼓舞してきた」と説明している。しかし彼はこれまでの説明はどれも適切なものではないとしている。そして、純然《シンプル》（本来の自動機械）、複合《コンパウンド》（一部は自動機械だが人間のオペレーターが操っている）、偽装（自動機械に見えるが実際には人間のオペレーターが全面的に制御している）というオートマトンの3つの階層について説明している。それでは、タークはそのうちのどれに分類されるのか？

「このチェスプレイヤーのありようは、ただの機械仕掛けによる効果とは一線を画している」とウィリスは宣言し、「機械仕掛けの力がどれほどすばらしく驚嘆に値するものであっても、そこから生じる動きは必然的に限られた単調なものになってしまう。それは心のなせる技を奪い実行することはできず、チェスの試合の変化し続ける状況に合わせて、その動きに変化をつけるようには作れない」と続ける。つまり、純粋に機械的な装置にチェスは指せず、このオートマトンは「結果的に最初の分類に入るという主張は放棄せざるを得ない」としている。

タークが純粋な自動機械であるという説を退けた後、ウィリスは人間の制御がどこまで及んでいるのかを検証することに着手する。パリの科学者が言っているように、自分でいくつかの手は打てるが、ときには展示者がガイドして戦略を変えるということなのか？ 展示者が磁石や短いガット糸で、オートマトンにどの動きをするのか指示しているのだろうか？ ウィリスはチェスの一手を打つことのできるオートマトンを作ることさえ恐ろしくたいへんな努力を要することで、もしそれが可能であったとしても「オートマトンを動かし操作を指示する、知性と〝プロメテウスの火〟はどこにあるのだろう？　知的な何かが与えられたとしても、その知性と代理人となるオートマトンの間で、中断されることなく直接的なコミュニケーションが交わせて維持されなくてはならず、目を皿のようにして見ている最も疑い深い観客に見破られないようにすることができるのだろうか」と述べる。制御しているものが何であろうと、それはタークと常時交信していなくてはならない。しかしウィリスは、磁石や糸ということに関して特に「その展示を見た人は、展示者がその部屋の特定の場所に留まっていることはなく、その反対に、彼は試合の間には頻繁にキャビネットから距離を取っており、これまで言われたどのような影響も及ぼせないほど遠くにいることを目撃している。そうしている間にそのオートマトンが関節の1つでも動かすようなことがあれば、それはこうした行動が別の源泉によって生じている証拠となる」と書いている。そうすると、後はタークのキャビネットの中に隠れている誰かが操作しているという可能性しか残らなくなる。

それがどうなされているかを明かす前に、ウィリスはタークの演技のおかしな点をいくつもあげつらっている。まず、観客がちょっと見せてもらえるのはキャビネットの左の3分の1の機械が入っている部分だけで、機械仕掛けの音がしてタークが動き出すと、この機械部分（その時点では戸は閉められている）がその動きを制御していると思ってしまう。しかしウィリスは「この機械部分が、オートマトンの腕の動きに何らかの影響を与えているという証拠はあるのだろうか？」と問いかける。ウィリスはもしケンペレンがそんな驚くべき機械仕掛けを作ることに成功していたとするなら、「必ずや自分の発明の仕組みを動いている間はできるだけ見せたくて開けたままにしておきたくなるだろう」と主張する。それにその仕掛けが秘密でタークが動いている間見せたくなかったとするなら、なぜ最初に観客に見せたりするのだろうか？　そして「一方では喜んで見せようとし、他方では念入りに隠すという明らかな矛盾は、仕掛けを見せるということが、観衆の注意を逸らし判断を誤らせるための戦略だと考えることでのみ解消する」と続ける。

さらにウィリスは、キャビネットのドアの開け閉めの順序がいつも同じだが、そうやって内部を見せることに意味があるのかと問うた。「この状況だけでも疑念を持つには十分で、ただ見えるようにしておくより、わざわざ中を見せるということは、もっと別の意味があるということだ」と彼は主張する。ウィリスは内部の機械は見せかけに過ぎないと結論づける。この点を明らかにするため、タークのネジを巻かなくてはならない頻度に一貫性がないことを挙げている。あるときはオートマトンのネジを巻くまで63手の動きがあったが、他の機会では最小3手ほどで巻き上げたと書いている。実際にはある公演では、メルッェルは巻き上げを行うと、1回も動かない間に帰ってきてまた巻いた。

次にウィリスは、オペレーターがそのキャビネットに入っているとするなら、どのように隠れているかの詳細を書いた。まずラクニッツも指摘したように、いちばん下にある引き出しは奥まで入ってはいない。これによって生じる空間は、彼が測った結果から推察するに、幅14インチで高さ8インチ、長さは4フィートあるが、「一度も見せられていない」場所だ。しかしこの空間だけでは、成人のオペレーターを隠すことはできない（この点がラクニッツの主な間違った点だ）。ウィリスはキャビネットの左3分の1の部分も奥までは詰まっておらず、奥行きの3分の1しか入っていないとした。「この戸棚にはいっぱい巧妙に機械類が並べてあり、入り口のところしか見えないので、観客は同じような機械が奥まで入っているという気になってしまう」。ウィリスはこうした機械の裏側の空間は、引き出しの奥の空間とつながっていると主張する。次にウィリスは、主要部分の奥側は畳み込み式の偽の背板だとほのめかし、最後にタークの人形の中には観客にわからないような空き空間があると主張した。

ウィリスはこうしたことをすべて踏まえた上で、オペレーターがキャビネットの左手から機械部分の裏に入り、足を引き出しの奥の空間に伸ばしているという説を立てた。そして、機械部分の扉を開けてみせながら後ろから照らしている間は、オペレーターはキャビネットの主要部分の偽の背板を下ろして十分な空間を確保して前かがみの状態でいる。機械部分の背後にある扉が閉まって、興行師が正面の引き出しを開けている間に、オペレーターは偽の背板を持ち上げてまっすぐに座りなおす。ウィリスはその時点で、「その試みは成功したも同然となる。もうその秘密が危険にさらされることはなくなる」と断言する。機械部分の前の扉は開けておいても安全だし、キャビネットの主要部分の前の扉も開けたままで、ほとんど何もない空間を見せたままにしておける。キャビネットは回転させられて、タークの人形の内部を見せる扉も開かれる。

すべての扉が閉じられると、ウィリスによれば、オペレーターは試合を行うための適切な位置を取る。そうするにはまずタークの上半身の空間に入り込み、チョッキの隙間から「ヴェールを通したかのように簡単に」チェス盤を見渡せるようにする。そして左腕を中身が空洞になっていると考えられるタークの人形の左腕に差し込めば、オペレーターはタークの腕を「糸で操るような微妙な操作をしなくても、チェス盤のどの部分にでも持っていって駒を持ち上げたり下ろしたりできる。彼の右腕はまだキャビネットの中にあり、動いている途中に生じる雑音を出す仕掛けを操作したり、頭を動かしたり、キャビネットを叩いたりするなどのトリックに使われる」。ウィリスはタークがパイプを持っている理由を、タークの左腕の中にオペレーターの腕を差し込んでも不自然に見えないような形にするためだとしている。「こうした方式は単純で実行可能で効果的だ。こうした効果は明らかに機械の助けなく生じているだろうし、その点でこのチェスプレイヤーは、生きた代理人を巧みに隠しこんでその動きを使っているだけの3番目の階層のオートマトンだ」とウィリスは結論づけている。

ウィリスの論理は一貫性のあるもので、タークの仕組みを説明した以前のどの試みより信用できるものだった。その小冊子が出て数週間してから、ウィリスは自分が作者であることを明かした。その時点で彼は21歳だったが、その後も学府で順調な道を歩むことになり、ケンブリッジ大学で学び、1837年にはそこで応用機械学の教授になった。ある伝記作家によれば、「大工仕事に対する実務知識や発明の才に溢れ、説明も明快な人気のある教授として、彼の教室にはいつも学生が溢れていた」とされる。ウィリスは才能のある教師であったばかりか、機械学の多くの理論に関しても貢献し、その後の人生においても建築や考古学の権威になっていった。

タークの仕組みの説明をさらに押し進めるにあたって、ウィリスは「これほどの機械を想像して作る並外れた技と工夫の才を持っていることは、一般大衆の称賛に裏打ちされたケンペレン氏の本当の功績であり、それを損なうつもりではない」としきりに強調した。ウィリスは以前にオペレーターが入っているという理論を唱えて怒り狂ったシックネスと

ウィリスが本の中でタークの仕組みとして考えたものを、1826年にガマリエル・ブラッドフォードが図版化したもの。彼は機械を見せている間はオペレーターが前かがみになっており、キャビネットの主要部分を見せている間は後ろにずれて座っていると考えた。扉が閉まると、オペレーターはタークの上半身の中に入り、タークの左腕に自分の腕を差し込んで駒を動かした

は対照的に、タークの詐欺を暴こうとするより機械的な謎を解こうとした。おまけに彼はその後に音声機構の研究を行って、ケンペレンの話す機械を再現して改良しており、むしろケンペレンやメルツェルの立場と近かったといえる。

ウィリスの論議の要は、どんなに複雑な機械をもってしてもチェスを指すことはできないということだった。このことは、「知能の領域においてのみ」可能なことであると彼は宣言した。しかしちょうどウィリスの小冊子が出た頃、もう1人の英国の若者が、まったく逆の結論を出した。機械装置に論理的な推論ができるという考えを体現した、コンピュータの先駆者チャールズ・バベッジである。

バベッジはその20年ほど前にメルランの工房を訪れて以来ずっと機械に興味を抱き続けていた。彼はウィリスの7歳上で、すでにケンブリッジ大学を卒業していた。1812年頃に学生だったバベッジは、複雑な数学的演算を機械に行わせようとするアイデアを温めていた。「ある日の夜に、ケンブリッジの解析学会の部屋に座っていたとき、何か夢想するような気分で机に頭を横たえていたとき、脇には対数表があった」と彼は回想録に書いている。「もう1人のメンバーが入ってきて私がうつらうつらしているのを見て〝バベッジ、いったい何の夢を見ているんだい？〟と尋ねたので、私は（対数表を指しながら）〝こ

チャールズ・バベッジ

う表を機械で計算できるんじゃないかと考えていたんだ〃と答えた」。しかしバベッジは数年経って、フランスに行って大数学者のピエール＝シモン・ラプラスに会うまで、この考えを進めることはなかった。

バベッジはフランスにいる間に、数学者で工学者でもあるガスパール・ド・プロニーのまとめた大規模な数表を初めて見る機会があった。ド・プロニーはフランス政府に委託されて一連の新しい数表を作成しており、その中には角度別のサインの値を小数点以下25桁まで求めたものや、1から1万までの対数を小数点以下19桁まで計算した結果が記されていた。ド・プロニーはこうした仕事すべてを限られた時間で遂行できる優秀な数学者がフランスにはいないことに気づき、どうにか計算の作業を早める方法を模索していた。彼はすぐに数学者を3つのチームもしくは部署に分ける方法を考案した。最初の部署は6人ほどのフランスで最も優秀な数学者で構成され、それぞれの表の元になる数式を作成した。次の部署はそれほど優秀ではない数学者7～8人で構成され、こうした数式をもっと簡単な計算問題に組み直す作業をし、3番目の部署は80人で構成され、ただ足したり引いたりする単純な計算を行った。各表の計算を膨大な数の単純なステップに分解することで、ド・プロニーは17巻にもわたる大規模な表を、他の方法の数分の1の時間で完成することができた。つまり、人々をオートマトンのように繰り返し作業をするグループに分けることで、彼は計算過程を自動化することができたのだ。それを見たバベッジは、簡単な原理で動くオートマトンを使って計算ができる可能性があるのではないかと考えた。

バベッジはチェスにも興味を持っており、1819年3月6日にはスプリング・ガーデンで展示されているタークを見にいった。すでに1783年にフランス語で出版されたウィンディシュの手紙の初版を入手していたバベッジは、当然のことながらタークに興味をそそられていた。しかし彼はこのオートマトンがチェスプレイヤーであることはいいにせよ、機械としてはあまり面白くないと思った。「その腕の動きは、メルランの作った多くの人形ほど良くなく優雅でもなかった」とバベッジは紙片に書き、この本の中にはさんでおいた。それはまた「内部は男の子が入るには十分な広さがあり緑の羅紗で装飾されていた。展示をしている男は、キャビネットのこちら側やあちら側へと移動した。そのオートマトンはオープニングで非常に優れた試合を展開した。彼は〝フィリドールの遺産〟を使ってチェックメイトをかけた」と続く。

バベッジは次の年の2月12日にも、ジェームズ通りに展示されていたタークを見にいき、試合に挑んだ。「オートマトンと試合をしてみた」と彼は書いている。「彼はポーンと先手を取られながら指した。オートマトンは約1時間後に勝った。彼は非常に用心深く指していたが、部屋のちょうど人形の後ろの床に隠し扉があるのは明らかだった」。バベッジはこのオートマトンは純粋な機械ではなく、人間が操っていると確信したが、どうやっているかはわからなかった。しかし彼は、チェスを指せる本物の機械が可能なのかと思いをめぐらすようになった。

1821年にバベッジは友人の天文学者ジョン・ハーシェルと、別々に計算された2つの天文表を比較していた。この2人がやっていた退屈な作業は、両方の表を比較してこれらが同じなら正確であると確認するためのものだった。しかし実際にはそれらは一致しなかった。「われわれは骨の折れる確認作業を始めた」とバベッジは回想する。「少しすると、不一致な点が多々見つかり、ある時点でその数があまりに膨大なものになってしまい、私は〝神よ、こうした計算を蒸気機関で行わせたまえ！〟と叫び声を上げげた」。彼はそれを実行することに決めた。夜に時間ができると彼は、足し算を繰り返すことだけで数学的演算を行う計算機械の概要計画を作成した。バベッジはすぐに、簡単な部品で構成された機械装置が複雑な計算をこなせない理由はないという結論に達した。彼はその考えを抱くとあまりに興奮してしまい病気になってしまった。彼の医者はもうそんなことは考えずに休暇を取って休むようにと指示したので、彼はウィンザーの近くのハーシェルの家に逗留することにした。彼はその後、天文表を含むあらゆる数表を自動的に計算してくれる機械のデザインに関する科学論文を構想することになる。これこそバベッジが構想した最初の機械式コンピュータである「階差機関《ディファレンス・エンジン》」の誕生だった。

バベッジは長年その機械を作ろうと虚しい努力を続け、父親から受け継いだ財産や政府からの資金を食いつぶした。バベッジが失敗した理由の1つは、彼が構築の途中で、「解析機関」というもっとはるかに複雑な計算をこなせる機械を作るという、さらに野心的な計画を思いついたことが挙げられる。このせいで、バベッジはもともとの計画に興味を失ってしまったのだ。この機械は非常に複雑なもので、現代のコンピュータの演算装置やメモリーにあたる部分を備えており、明らかに現在のデジタル方式のコンピュータの最も古い直接的な祖先ということができる。バベッジはまた、その機械のためのプログラムを書く記号的表記さえ考案していた。しかし階差機関の失敗により、この機械のための資金を調達することができなかった。それにもかかわらず、彼の解析機関に関する理論的な分析は、現代のコンピュータの多くの要素を先取りしたものだった（解析機関はジョゼフ・ジャカードが織機の模様を指示するために使ったパンチカードを使って動くものだったが、そのジャカードの織機はヴォーカンソンの初期の作品に基づくものだった）。

特にバベッジはそれなりの強力な機械機関があれば、3目並べ、チェッカーなどの知的ゲームやチェスさえできると論じた。「オートマトンは知的ゲームを行える」という題の彼の回想録には、こうしたことがいかに一般の常識に反していたかが書かれている。「私はありとあらゆる階層のすべての年齢層の人に、こうしたゲームをするのに人間の理性が必要なのかどうかを苦労して確かめて回った。すると、ほとんどの人の意見はいつもイエスだった」。ところがバベッジは「こうしたゲームをオートマトンはプレイできるという確信にすぐにいたった」。彼はチェッカーやチェスを含む動く駒を使った盤面ゲームのおおまかなアルゴリズムさえ構想していたが、それは誰も行ったことのない初の試みだった。

ほとんど誰もがオートマトンがチェスのようなゲームは行えないと考えていることを承知で、バベッジはチェスを指す機械を作る検討を開始した。彼は機械の売り上げを見込んで資金を調達すれば、解析機関を作るよりずっと簡単に作れるという結論を得た。こうした機械を6台ほど作って収入を何倍にもすればいいと考えたバベッジは、以前のオートマトンの展示会がどれだけ儲かったかを調査してみた。しかしその答えはがっかりするようなもので、展示された最も有名なオートマトンでさえ、「金銭的にはまったくの大失敗だった」。バベッジはその頃には壮年で、残念ながら「もし金銭的に儲けが出たとしても、解析機関を完成するために使った分に充てるにもう遅い」と結論を下した。

バベッジはまた機械知能が可能かを考察し、記憶と洞察力が知能を決定づけるという結論を出した。彼は1834年に、少年の頃にメルランの工房で見てあれほどに魅せられた銀製の踊る人形を購入した。それをきちんと動くように修理し、自宅で見える場所に飾った。しかし一方、その隣りの部屋には、未完成の（しかし動きはする）階差機関の一部が置かれていた。バベッジはこの2つの機械の違いについて、手の込んだトリックで人々の注意を喚起した。踊り子の人形は魅力的だが、その動きは予想でき、事前に設定できるただの簡単なオートマトンだ。しかし階差機関はその数字の書かれたダイヤルを使って、例えば0から1、2、3と数字を増やして1万まで表示し、その後は3ずつ増やして1万、1万3、1万6というようにすることもできた。この急な変化は、プログラムをした人は知っていても、それを見ている観客には驚きとなる。

このように数列をあるものから他に切り替える能力は、階差機関がただの心のない機械ではないことを示し、こうした振る舞いが機械による知能を形成するものになるとバベッ

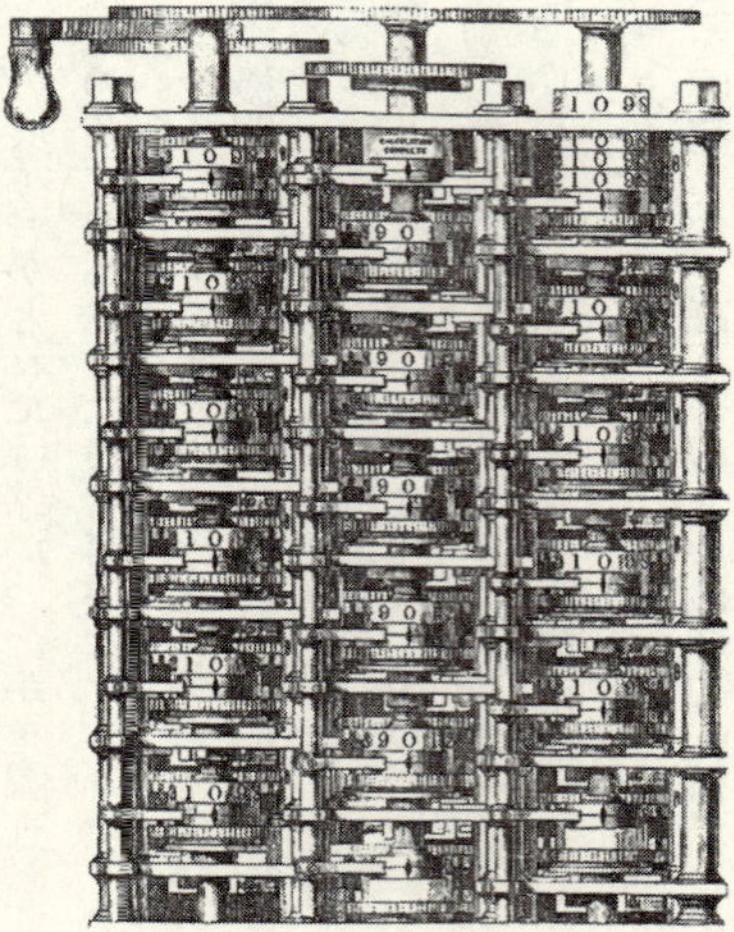

バベッジの階差機関の一部を示す版画

ジは主張した。この機械には記憶と洞察があると思えるし、その行動をランダムに変更しているように見えるが、それは実際、論理的な規則で制御されている。バイロン夫人はそのデモを娘のエイダ・ラヴレイスと見て、友人に「考える（と思える）機械」を見ることになったと手紙に書いた。産業革命期に出現した新しい機械は、人間の身体的活動を代替したが、それと違ってこの階差機関の一部にあたる何かは、まるでタークのように、機械がいずれは人間の精神活動さえ代替できる可能性を示していた。

1818年から1821年にかけてロンドンで展示されていたタークは、機械による知能の可能性についての論議を引き起こし続けた。バベッジは論理計算を行える機械を作ることは理論的には可能だと考え、ウィリスは絶対に無理だと述べた。しかしウィリスはタークについて丹念に探偵のように調査はしたものの、期待されたような決定的なパンチをあびせることはできなかった。彼の説明はほとんどの人にとって昔から言われてきた多くの理論の1つに過ぎず、タークの人気をほとんど損なうことはなかった。

1821年の春にメルツェルはタークをアムステルダムに持っていくという失敗を犯し、そこで自分のメトロノームのデザインを盗んだとまだ怒っているウィンケルと遭遇してしまった。ウィンケルはメルツェルの海賊行為を告発する訴えを起こし、オランダの協会がこの事件を調べるための特別委員会を設置した。メルツェルはついにはウィンケルのデザインを盗んだことを認めざるを得ない状況になったが、彼がオランダから立ち去ってしまったため、その委員会の決定はほとんど影響を与えなかった。

メルツェルにとってもっと差し迫っていたのは、債務が増えていることだった。彼の仕事仲間の1人である英国人のウィリアム・ルイスによれば、「彼の衣服は不相応に高級品で……彼はいつでも金に困っており、あるときは私に50ポンド借りていた」。ロンドンでもう1期興行した後、メルツェルはパリに移動したが、そこですぐにウジェーヌ・ド・ボアルネに、彼がタークに関して結んだ契約による支払いをしなかったとする法廷闘争に巻き込まれた。ウジェーヌの家族は彼が１８２４年に死んだ後も、フランスの法廷でメルツェルを追及し、借金を払うためにタークを売り払えと迫っていた。メルツェルは貴族の友人を頼ってフランスの宮廷で何度か特別展示を行って買い手を探そうとした。しかし誰もタークを買おうとはしなかった。それは多分、タークが本当はメルツェルの持ち物でないことが知られていたからだ。

借金と訴訟が増えることで、メルツェルは思い切った行動に出た。１８２５年12月20日に、彼はオートマトン一式を定期便船のハワード号に積み、ヨーロッパを後にニューヨークに向けて出発し、自分のトラブルを置き去りにしようとしたのだ。

第9章 アメリカの木の戦士

マンハッタン・ディフェンス（d4 d5 c4 e6 Nc3 Nf6 Bg5 Nbd7 e3 Bb4）：黒のギャンビット拒否から派生した手で、アメリカン・ディフェンスとも呼ばれる。

チェスの手合わせの楽しみは、人間の心がその試合の背後にあり、それを遂行する無機質な駒を支配しつつそれに生命の息を吹き込むという感じがするところにある。

――リファルド・レティ

ハワード号は1826年2月3日にニューヨーク港に錨《いかり》を下ろし、メルツェルと彼のオートマトンはアメリカの地に降り立った。今回のアメリカ興業ではいつもと違い、メルツェルはタークの宣伝を舞台ではなく新聞で行った。到着して何日か経ったとき、彼は『ニューヨーク・イヴニング・ポスト』の編集者でチェスの熱心なファンであるウィリアム・

コールマンに会いにいった。コールマンはメルツェルのオートマトンについて何本も社説を書き、「それが間もなく一般公開される」と紹介した。「この街ではかつてこのようなものは見られたことがなく、他にほとんど比べようもない」と彼は書いた。

数週間後の4月13日に、期待の高まる中、最初の公演を行うために、タークはブロードウェイ112番地のナショナル・ホテルの集会室まで台車で運ばれた。メルツェルはいつものようにタークの中を開けてみせ、観客の中から希望者を募り、2人を選んでタークと対戦させた。タークはその2人をいとも簡単に打ち負かした。そしてそれを見ていた観客の1人の言によれば、オートマトンは「ものすごい拍手喝采の中を」台車に引かれて退場していった。そうであったとしても、この最初の公演に来ていたのは100人ほどで、興行的に成功とは言えなかった。だが反響は大きく、以降の公演は完売状態になったため、メルツェルは毎日昼の12時と夜8時の2回の公演を行うことにした。これらの公演ではトランペット吹きや、他のオートマトンも展示されたが、注目の中心はやはり神秘的なタークだった。「このすばらしい機械は、日夜会場のすべての観客の注目を引いていた」とタークの公演が2週間行われた後に、ある新聞は声高に書いている。「われわれは可能な限り近くに寄って、この人形の動きがどのように制御され決定されているのかの過程を納得すべく、もしくは（ヨーロッパの科学者や技術者が探ったが結局はわからなかったので無駄な作業と

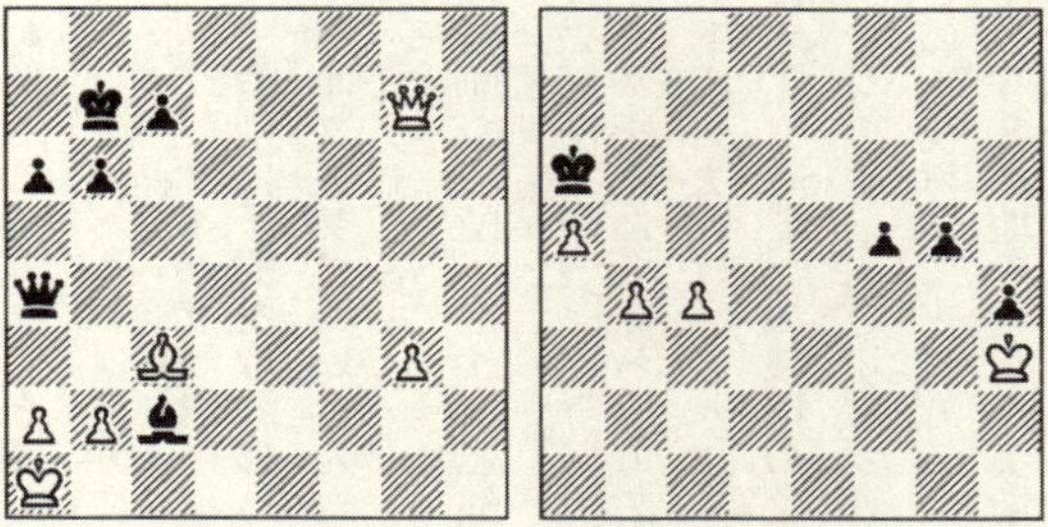

メルツェルの小冊子に書かれた終盤戦からの代表的な盤面。どちらの場合も、きちんと指せば、どちらの側であるかにかかわらず、先手を取ったほうが必ず勝つような配置になっている。それにもかかわらず、タークはニューヨークで後手に回って負けたことがある

は思うが）こうした動きを生じさせている理由をはっきりさせたいと、何度もその興行に通いつめた。そしてこれまで観察した結果によれば、明らかに科学記者がその謎に迫ることはできなかった」。

ニューヨークにおけるタークの公演は、それまでのものと大きく違う点があった。タークはチェスの試合全体を行うのではなく、最後の詰めのところしか行わなかったのだ。つまり、試合の途中のように並べられた駒を使ってチェスを指したのだ。メルツェルはモロッコ皮で装丁された4インチ角ほどの小さな緑の本を用意し、タークの相手をする観客はその中に書かれた17の配置の1つと、どちらの色の駒にするかを選ぶことができた。メルツェルはそれぞれの側の駒の数に言及し、対戦者が迷うことなく駒が優

位な位置にあるほうよりも数の多いほうを選ぶように誘ったが、どっちにしろタークがいつも先手に回った。そこで対戦者は、自分に有利になる開始位置と色を選ばなくてはならなかった。メルツェルがこのようにタークの試合を終盤戦に限ったのは、「試合をまるまる行うと時間がかかり、チェスのわからない観客が疲れてしまうから」だった。しかし彼は、個別に予約を取れば、全試合を行うこともできると約束していた。

タークの人気はたいへんなもので、ついにある新聞の編集者が「自分のコラムがオートマトンだらけになって申しわけない」と読者に謝る場面さえあった。彼が謝罪した理由は「当地の市民がどれほど熱狂しているか、離れた場所にいる人には皆目見当もつかないから」ということだった。しかし『イヴニング・ポスト』の編集者コールマンがメルツェルとタッグを組んでいる一方で、『コマーシャル・アドヴァタイザー』の編集者ウィリアム・ストーン大佐は、メルツェルとオートマトンを手放しで持ち上げることはしなかった。彼はオートマトンの機構の秘密を解き明かすかもしれないささいな情報も書きまくり、ケンペレンのもともとの展示に関する記事までも探し出した。メルツェルはまた別の場面でも挑戦を受けることになる。タークが最初に公演してひと月もしないうちに、ブロードウェイ258番地のパール美術館が、タークの人気を当て込んだ「メルツェル氏の作品を模倣して、フィラデルフィアで製作された、常識に逆らった珍しい機械類」という競合する展示を行った。メルツェルは、新聞にいろいろ騒がれる一方で競合するショーマンがすぐに出てくるという、その後のアメリカの旅でタークが遭遇する最初の騒ぎに巻き込まれた。

そしてすぐに、タークがどうやって動いているかについて新しい理論が出てきた。『ナショナル・アドヴォケート』の寄稿によると、メルツェルはニューヨークの公演では神経質そうに、指でタークのキャビネットを叩いていたという。その書き手は、オートマトンの動きを制御するためのバネかボタンを押していたのではないかと考えた。ストーン大佐はすぐに、オートマトンが動くときにはメルツェルは離れたところにいることが多いと、その説を退けた。それに対抗するように、メルツェルの取り巻きで目立つフランス人女性に関する説が出された。その女性はタークの公演の前後に出てくるが、公演中には姿を消している。彼女がオートマトンを操っているのでは？　メルツェルはこの説を潰そうと、この女性を公演中に何度か観客の中に座らせ、あるときにはタークと対戦さえさせた。

こうした憶測の数々でメルツェルはタダで宣伝ができることになったし、さらに『イヴニング・ポスト』はタークの公演の初日のあった週に、その仕組みに関する12ほどの異なった新理論が繰り出されたと主張する記事を書いた。そのうちで最も奇妙な理論は、オートマトンのチェスを指すための頭脳であると多くの人が信じていたメルツェルが、タークの中に隠れているオペレーターに、タークのチェス盤への駒の上げ下げのやり方を通じて指示を与えているというものだった（メルツェルは再びタークの対戦相手を別のチェス盤を置いたテーブルに座らせ、彼が両方のチェス盤の間の連絡役を演じていた）。

6月1日になって、メルツェルは最初の興行を成功裡に終え、展示会場をたたんで次はボストンに行くと発表した。しかし彼はすぐにニューヨークでショーを再開して、7月5日までそこにいた。この公演延長の理由は明らかになっていない。メルツェルは7月4日の独立50周年記念日を祝うためにニューヨークにいたかったのか、もしくはその頃にウジェーヌ・ド・ボアルネの遺産に関する法的な問題が解決したせいかもしれない。ウジェーヌの家族の代理人がメルツェルを追ってニューヨークまで来ており、800ドルから4000ドルとまでいろいろ言われた負債を払うことで、訴訟が完全に和解することになったのだ。

メルツェルはニューヨークを離れたがっていた。というのも現地で最強のチェス指しの1人であるグレコから、個別にチェスの試合をしたいとうるさく言われていたからだ。メルツェルはタークが個別に予約することで試合に応じるとしていたが、グレコや彼の友人と試合をするのを拒んで、いくつもの適当な言い訳をしてははぐらかしていた。グレコはメルツェルが、ニューヨークでは2回しか負けたことのないタークが負けることで、大衆がそのオートマトンに興味を失うことを恐れていたと解釈した。しかし、しつこくせがんだものの、グレコはメルツェルがボストンに出発するまでに試合をすることはできなかった。

メルツェルはボストンでは、ミルク通りとコングレス通りの交わる角にあるジュリアン・ホールで展示を行った。最初の公演は9月13日の夜で、その後はニューヨークで行っていたように日に2回、終盤戦を戦う方式で興行した。何日かする間にタークは負けた。『ボストン・センティネル』は、ニューヨークでの2回の負けについては知らないらしく、「月曜日に、厳粛で有能なチェスプレイヤーはお得意の終盤戦においてボストン人の勝者に出会い、彼がアメリカに着いてから初と考えられる敗退を余儀なくされた」とボストンのチェスの指し手のほうが明らかに優れていると書いている。

この記事は『ニューヨーク・アメリカン』に転載され、タークが実際にはニューヨーク公演中に2度負けたことを思い出した当地のチェスファンは怒り出した。しかしそれほど経たないうちに、ボストンでタークは3度の負けにあった。そのうち2回は、メルツェルがタークの相手に先手を取らせたのだが。そこで『センティネル』は「本当のところ、ボストンではこのオートマトンは3度にわたり、別々の紳士に打ち負かされた」と満足気に書いた。

ニューヨークのチェスプレイヤーの名誉のために、グレコは『ニューヨーク・アメリカン』に、憤慨した内容の投書を寄せた。彼は終盤戦の戦いだけではオートマトンの本当の実力はわからないとし、「唯一のフェアなテストは完全な試合を行うことだ」と指摘した。グレコは自分がメルツェルを説得して、最初から試合を行わせようとしたが失敗したとし、「メルツェル氏は愛好家にそれができると宣伝していたにもかかわらずにだ」と彼は不満を述べ、「いつも試合の依頼を逃れてしまい、この〝木の戦士〟と完全な試合を行うことはできなかった。それが私にできると信じているのは間違いかもしれないが、アメリカ人であれヨーロッパ人であれどんなチャンピオンにも劣らない技量の、ニューヨークにいる最低2人が、こちらに帰ってきたときに3回は完全な試合をさせてほしい。試合は賭けようが賭けまいがメルツェル氏が勝手に決めればいい。彼がこの挑戦を受けてくれるなら、われわれの同郷人がチェスの知識という特定の分野であったとしても、よそ者に劣っているのかどうかをはっきりさせることができ、アメリカの大衆は満足できる」と続けた。

グレコは、もしオートマトンがこの挑戦を拒否するなら、「もうご自慢の世界有数のチェスプレイヤーであるという話は聞きたくない。ただ巧みな機械の驚くべき瞬間があったという称賛にとどめよう」と宣言した。彼はさらに煽って、ニューヨークのチェスマスターはボストンのマスターより優れているばかりか、世界一だと主張した。この騒動で話題騒然となったのを見て、メルツェルは上機嫌でボストンでの入場料を2倍の1ドルに上げた。そして10月13日にはグレコにすばやく反撃を加えようと、ボストンのチェスプレイヤーはどの点をとってもニューヨークに匹敵すると宣言して、ボストンで完全な試合を行う初の週間を開始すると発表した。

オートマトンは10月16日の正午から、初の完全試合を開始したが、その動きは目を見張るものだった。そしてその後数日間で、ボストンの最も上手なプレイヤーを次々と負かしていった。しかし週末になってタークは、ボストンの人々が自慢する連勝連覇の達人ベンジャミン・D・グリーンという若い医者の挑戦を受けることになった。その後ずっと、グリーンは医者としてより「オートマトンを破った人」として有名になる。

メルツェルはボストンを10月28日に離れてフィラデルフィアに向かったが、グレコに対応するために途中でニューヨークにも寄った。彼はボストンのチェスプレイヤーたちとの対戦で確信を深めており、1000ドルから5000ドルのグレコの出せる範囲の掛け金で、喜んで挑戦に応じると発表した。その提案に混乱したらしいグレコは、投書で言及した2人と公の場で試合を行うのではなく、メルツェルのところを訪問することにした。タークの荷はその時点ではまだ木箱に詰めたままだったが、メルツェルは2人に荷を解くよ り、彼の秘書で助手のウィリアム・シュルンベルジェという若いフランス人と対戦してみないかと持ちかけた。グレコはこの2人のチャンピオンがオートマトンばかりか、どのアメリカ人やヨーロッパ人にも負けないと主張していた。明らかにメルツェルは、このアメリカ人が十分強いなら、公の場で戦って負けるのを避けるため、個別に対戦させるつもりだった。

その2人はシュルンベルジェと対戦することに同意したが、あっさり負けてしまい、グレコは大恥をかいたまま引き下がった。「この前の投書以降の話だが」とグレコは『ニューヨーク・アメリカン』に書いた。「私が傲慢にもその技量を買いかぶっていた2人のアメリカのチェスプレイヤーは、ある外国人に簡単に負けてしまった。そこで私は挑戦することは引っ込め、以前から多くの人がそうであったように、そのままオートマトンの優位を認める」。

メルツェルがフィラデルフィアでの公演の開催準備をしている最中に、ボストンでガマリエル・ブラッドフォードという人の書いたオートマトンの本が出版された。『ケンペレン氏のものと思われるチェスプレイヤーのオートマトンに関する歴史と分析』というこの本は、タークの動作機構に関してそれまでに出された諸説をまとめたもので、その中にはかなり常軌を逸した面白い説も入っていたが、ブラッドフォード自身はどの説にも特に与《くみ》していなかった。「わが国ではこの有名なアンドロイドの到着を心待ちにしていたが、それはこうした好奇心に十分応えることのできるものだった」と彼は書き出し、「その操作を説明するための数々の理論が作られたが、それらはすべて深刻な問題にぶちあたっていた」と続ける。

ブラッドフォードは機械を操作するために小人が隠れているというラクニッツの説を取り上げたが、磁石でどの駒が動いたかを検知するという部分は否定し、デクランの透明なチェス盤のほうに軍配を上げた。そして次にオートマトンが全面的にメルツェルによって操られているという説を取り上げ、チェス盤上のどこに駒を動かすのかを枡目を押して指示して、実際は「糸をつけて動かせる駒を使っている」のではないかとしている。この考えは、メルツェルがタークの近くに立って対戦者のために駒を動かしているときに、そっと枡目を押していたからだった。しかしブラッドフォードは、対戦者の動きに対してタークが反応する時間が数秒から３分ほどまで幅があるという理由から、この説も退けている。もしメルツェルがタークにどういう動きをするのかボタンを押して指示しているとすると、この時間差はいつでも同じになるはずだ。その上、メルツェルはいつでも機械に触れているわけではなく、いろいろ別の場所にも触れている。

このことはまた別の興味深い可能性を提起する。この機械の周りには多分いろいろなボタンが隠されており、タークにさまざまな動きをさせることができるようになっているのではないかと、ブラッドフォードは書いている。そう考えればメルツェルがさまざまなタイミングで別の場所に触っている理由を説明できる。しかしこの考えの難点は、チェスの試合の間に可能なすべての動きに対応するには、少なくとも1600個のボタンがなくてはならないことだ（チェス盤には64の桝目があるので、総計64×63＝4032の組み合わせに対応したボタンが必要になるが、ほとんどは実際にはありえない組み合わせだ）。それに1600個のボタンを並べるのは実際上無理があり、「それをその箱の一辺にオルガンの鍵盤のように配置すればいいという人もいるが、それとて2フィートの長さしかなく、1つあたり66分の1インチのキーでは小さすぎて個別に押すことはできない」とブラッドフォードは書いている。

その次に彼は、メルツェルがポケットに隠した磁石で機械を操っているという説に移るが、メルツェルがたびたびオートマトンから数フィート離れていることからこの説も退ける。カーテンの裏か床下に隠れている助手が、機械の操作をしているという可能性はあるのだろうか？「そのような距離では磁石の効力は問題外だ」とブラッドフォードは書いている。「床を通したやり取りは明らかに不可能だし、天井から糸やワイヤーで操作することも同様に無理だ。そこで、助手がいるとすれば、その箱の中しかない」。ブラッドフォードは次にウィリスが唱えた、オペレーターが箱の中に隠れている説をなぞるが、ウィリスが言うところのオペレーターがタークの胸の穴から試合の進行を見ているという部分では異を唱えている。その代わりにブラッドフォードは凝った代替案を提案しており、「一般的な暗箱カメラを使い、オートマトンの目のどちらかにレンズをつけて頭の部分の鏡で光を反射させて、中に入った人のいる場所にある暗箱の背面ガラスに導いている」。それによって、タークの目から見たチェス盤の眺めが伝わるとしている。

ブラッドフォードはこうした諸説は、タークの神秘さを増すだけだと結論づける。「海外では以上挙げた説に対して、賛否両論の証拠になる噂がある」と彼は書き、「われわれの時代にその秘密が解き明かされるかは確かではなく、それが興行師の動きによってバネや滑車で、もしくは遠くの助手によって、あるいは半世紀もの間に何千人もの物見高い観客から隠れて、中に入った人によって操られているただの機械に過ぎないのかわからないが、それは一般公開された最も巧みで成功した仕掛けで、満足はできないとしても常に好奇心を喚起し、見れば見るほどまた行って見物したくなってしまう代物だ」と述べる。

メルツェルは12月26日にフィラデルフィアでの興行を開始した。彼は数週間にわたって準備を行い、その間に5番街のビルを長期に借り上げ、かなりの金を注ぎ込んで改装した。

大工の一団が中に新しい階段を取りつけ、展示室の装飾を整え、残りの部分をメルツェルと助手のための工房や個室に改造した。メルツェルはフィラデルフィアに着いて数日した時点で、この町を活動の拠点とすることに決め、すぐに地元の商人や音楽家、科学関係者と連絡を取った。彼が住んで展示を行っていた建物は、一般にメルツェル・ホールとして知られるようになった。

タークはいつものように毎日2回登場しては終盤戦を戦い、たまには完全試合を行うこともあった。12月26日から3月20日にかけてのフィラデルフィアでの公演が終わるまでに、タークは終盤戦で1回負け、女性との完全試合で1回負けた。このフィッシャー夫人との試合の詳細は『フィラデルフィア・ガゼット』に紹介されているが、タークはいつもの精彩を欠き39手で試合を放棄した。メルツェルはフィッシャー夫人を喜ばすために、オートマトンが負けたという説を熱心に流した。もう1つの完全試合は5時間かかり、3人が交代で指し、結局は引き分けとなった。

メルツェルは新しい拠点であるフィラデルフィアから、次はボルチモアに行くこととし、4月30日にライト通りのファウンテン・インで展示を始めた。タークの登場に先立って、オートマトンのトランペット吹きや「小さな面白バス・フィドラー」（もう1つの音楽オートマトン）と「オートマトンの縄投げダンサー」や機械式空中ブランコ乗り集団などが演技を行ったが、それらはその頃にはメルツェルのお気に入りになっていたオートマトンたちだった。フィラデルフィアと同様に、タークは日に2回公演して終盤戦を戦い、ほとんど負けることはなかった。ある場面では、メルツェルの知り合いで公演を何度か見に来た後に終盤戦を戦うように招かれたジョシュア・コーエン博士に、ほとんど偶然にも負けを喫した。

コーエンはあまり気が進まなそうに出てきて、メルツェルに小さな緑の本から開始の配置を選ばされ、どちらの色にするかを決めた後に、先手を取らせてもらった。コーエンはわざと黒を選んだ。それは駒が少なくてクイーンがないほうだったが、彼は最初の位置はどうでもよく、本当は黒のほうが優位に立てると考えていたからだ。メルツェルを困らせるつもりはなく、すぐにチェックメイトになればいいと最初の数手は大して何も考えずに打っていたが、途中で自分のほうが優位に立っているのに気づき、試合に本腰を入れることにした。そしてしばらくして、困ったことにコーエンはほとんど勝てる状況になってきた。そこでメルツェルはコーエンにルール違反の動きをして、オートマトンがどういう反応をするのか確かめるよう入れ知恵をした。コーエンがそうすると、タークは当然のごとくその駒を元の位置に戻して、自分の駒を動かした。観客は大喜びだったが、何人かはコーエンが勝てるのにそれを放棄してしまったことに気づいて、「試合のほうはどうなるん

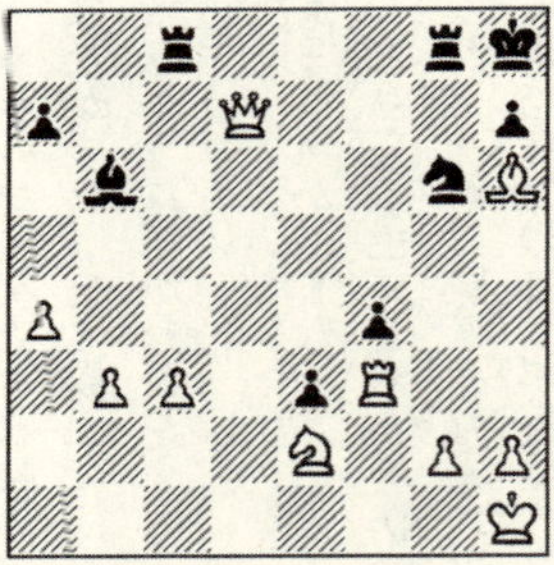

1827年5月にジョン・コーエン博士がタークと戦った終盤戦の最初の盤面。コーエンは白のほうが駒も多くクイーンもあるが、黒のほうが有利であると正しく判断した。実際、黒は7手で勝つことができる

だ?」と叫んだが無駄だった。しかしその試合を報じる次の日の新聞は、コーエンが勝ったと報じ、彼は意図せず勝ってしまって悪かったとメルツェルに謝ったほどだった。

1827年5月23日にはまた、タークが独立宣言に署名した最後の生き残りであるチャールズ・キャロルと対戦して予期せぬ敗北を喫した。オートマトンはいつになく低調な試合運びだったが、それにもかかわらずあと一手というところまで持ち直し、その時点でメルツェルはタークの機構を調整する必要があると言い出した。彼はロウソクを持ってひざまずき、タークの背面の扉を開いた。メルツェルの「調整」が済むと、タークはバカな動きをしてわざと負け

てしまった。キャロルは何が起こったのか察知したのか、その後に「この試合では、勝ちを譲ったな」とメルツェルに言った。『ニューヨーク・ミラー』は89歳のキャロルが「ボルチモアでのチェスの試合でターク陛下を打ち負かし、大入りの観客は狂喜した」と報じた。

こうしてたまに負けても、オートマトンに対する大衆の熱狂にほとんど影響はなかった。しかし6月1日に『ボルチモア・ガゼット』に載ったある記事で、メルツェルは大混乱に陥った。その見出しは「明かされたチェスプレイヤー」というもので、タークの秘密を発見したという2人の男の子の話だった。子どもの証言によると、5月の最終週のある暑い日に、彼らは展示会場の隣りにある日よけの上にいたところ、メルツェルが公演の後にタークのキャビネットの上の蓋を開け、そこから人が出てきたというのだ。メルツェルはこの話をすげなく否定し、オートマトンの秘密を発見したという嘘には慣れっこになっていると言った。6月5日には『ガゼット』はこの話からは距離を置き、誰も子どもの話を確かめたわけではなく、彼らのうちの1人がこの話をでっちあげるからと金を要求したと書いた。その話に対し、ワシントンDCで発行されている国中で最も信頼されている『ナショナル・インテリジェンス』が、メルツェルがその背後にいると報じた。「この秘密発見の記事は、この展示会の主催者が地域の人に関心を抱かせ続けようと、あざとく仕組んだものだ」と同紙は宣言し、『ガゼット』が露骨な宣伝に一役買ったとあざけった。その結果、この話を他紙は取り上げなくなり、この一件はすぐに忘れられてしまった。

メルツェルはどっちみち、夏期に向けて6月2日にはボルチモアの公演を閉じようと考えていた。ちょうどヨーロッパからは、「モスクワの大火」などの彼の次の公演用の積荷が届いたばかりだった。彼はタークの他に新しい展示品を加えて、再度公演を開くと発表した。しかしメルツェルがボルチモアで公演を再開するまでには少々時間がかかった。というのもタークの脅威となるような新たな不測の事態が発生したからだ。それはニューヨークで詐欺師が作った、ライバルとなるチェスのオートマトンが出現したからだった。

1827年4月22日に、ニューヨークのアメリカン・ミュージアムで「アメリカン・チェスプレイヤー」が初のお目見えをした。この名前が示唆するように、これはアメリカ製のタークのまがい物で、ウォーカー兄弟という2人の配管工が機械工のベネットと作ったものだった。メルツェルはウォーカー兄弟がタークの偽物を作ろうとする企みについて、数カ月前から聞かされていた。「あなた方アメリカ人は非常に奇妙な人々だ」と後に彼は友人の1人に語っている。「私は自分のオートマトンを持って自国のあらゆる場所を回った、ドイツ人は疑ったが何も言わなかった。フランス人は、ナンントイウ！　スゴイ！　サイコウ！　と大騒ぎした。英国人は、人が入っていないただの機械でこうした動きができるのかを、できる、できないと検証していた。しかしあなた方の国に着いて大して時間が経っていないのに、あるヤンキー（ニューヨーク市民）が〝メルツェルさん、もう1つこういうやつは要りませんか？　似たやつを500ドルで作ってあげますよ〟と言ってきた。私はその申し出を笑い飛ばした。しかし数カ月して、またそのヤンキーがやって来て、今度は〝メルツェルさん、こういうやつをもう1つ買いませんか？　あなた用にもう作ってありますから〟と言う」。

メルツェルはその申し出をすげなく断ったが、今度はウォーカー兄弟がそのオートマトンを展示し始めたので無視してはいられなくなった。おまけに新聞が「アメリカン・チェスプレイヤー」はあまりチェスが強くないものの、タークに匹敵するほど印象的なものだと騒ぎ始めた。メルツェルは友人のコールマンにどう思うかと手紙を書いた。それを受けたコールマンは、詐欺師の作ったもののほうが優秀だと返事した。そこでメルツェルはニューヨークに急いで向かい、コールマンと2人でアメリカン・チェスプレイヤーを自分の目で確かめにいった。

そのオートマトンはタークほど装飾が施されてはいなかったが、少々サイズは小さく、もっとたくさんの機械が入っているようだった。それにはタークのように発声機械が入っており、必要なときに「チェック」と言うことができた。しかしチェスはそれほど上手でなく、ウォーカー兄弟は興行師としては洗練されていなかった。公演が終わるとメルツェルは兄弟に、もし公演を止めるなら1000ドル払おうと提案したが拒否された。メルツェルはそれ以上の金額で買収しようとは思わず、このライバルのオートマトンはそれほど脅威にはならないと結論づけた。というのも、このオートマトンはチェスが上手でなく、彼の（歴史的な実績もある）オートマトンのように、「とても勝てそうもない」というオーラが出ていなかったからだ。しかしライバルの出現を見たメルツェルは、たった1つの展示物のユニークさや人気に依存しすぎる危険性を感じ取った。彼はボルチモアに帰って、10月にまた展示を再開した。今度は「モスクワの大火」をメインにして、その展示会を宣伝するポスターの下には注釈として「チェスプレイヤーのオートマトンは、個別にメルツェル氏に依頼した方に限って展示します」と書かれていた。

メルツェルが11月末にフィラデルフィアに帰ってくると、困ったことにアメリカン・チェスプレイヤーがお膝下で展示されていた。彼は「モスクワの大火」を前面に出した展示を1828年1月に再開し、5月にはボストンに移った。その途中でニューヨークに寄り、ライバルのチェスプレイヤーに関して大衆に警告を与えることにした。「その偽物は」と『イヴニング・ポスト』のメルツェルの広告は始まり、「2年前にニューヨークで展示されていたものとは別物で、あの有名な技と力を持ったチェスプレイヤーとは似ても似つかないものです」と続く。数日してライバルのオートマトンの新しい所有者が、彼のチェスプレイヤーはメルツェルのオートマトンに比べて「勝っているとは言わないが、少なくとも同等である」と反撃してきた。しかしその資産価値は落ちているらしく、数週間してアメリカン・チェスプレイヤーを売るという広告が出された。メルツェル自身がそれを5000ドルで買って潰したという説が出ていたが、実際のところアメリカン・チェスプレイヤーは興行師で気球乗りのユージン・ロバートソンが購入してメキシコに持っていったらしい。どっちにせよ、それからその詐欺師の話は聞かれなくなった。

ところがまた、オートマトン・ホイスト（カードゲームの一種）プレイヤーというライバルが作られ登場し、ニューヨークで1828年5月から公演を開始した。それはチェスは指さなかったが、メルツェルはそれでもタークの脅威になると考え、その所有者から買う手はずを整えた。この新しいオートマトンはメルツェルの展示の一部に少しの間加えられたが、人気が出ることはなかった。しかしこの買収は、1828年の夏にメルツェルが立てていた展示の品揃えを拡張するためのさらに大きな計画の一部だった。8月になって彼は、「モスクワの大火」や「縄投げダンサー」を含むいくつかの展示品を、ボストンのビジネスマンに6000ドルで売却した。彼は自分の名前をつければ展示してもかまわないとしたので、9月にはボストンでメルツェル展示会が開催され、それがプロヴィデンス、ボルチモア、リッチモンド、ニューヨークへと移っていった。このツアーが行われている間に、メルツェルはタークを信用できる仲間に託して倉庫にしまい、ヨーロッパに帰って新しい展示をするためのオートマトンを探し始めた。

メルツェルは1829年の4月にはニューヨークに戻り、グランド・トーナメントと呼ばれる騎馬のオートマトンや、ランスの大聖堂の内部を模したジオラマなどの子ども向きのいくつかの新しい出し物を含めたメルツェル・シアターを開催した。彼はボストンの会社と手を組んだが、この会社は彼の演劇的なセンスがないと立ち行かない状態だったので、タークをまた倉庫から引っ張り出すことになった。それを受けてニューヨークで始まった展示会はかなり大がかりなものになったので、メルツェルはそれをタミーホールとブロードウェイ223番地の2カ所に分けた。ニューヨークでの展示は1830年5月まで続き、メルツェルはその後いつもの自分のツアーに移り、1834年までフィラデルフィア、ニューヨーク、ボストンを巡回した。

1834年にフィラデルフィアで開かれた展示の宣伝用のポスターには、トランペット吹きのオートマトンの次に機械劇場、縄投げダンサー、グランド・トーナメント、ランス大聖堂のジオラマ、メロディウムという名の音楽オートマトンと続き、グランド・フィナ

Maelzel's

EXHIBITION,

MASONIC HALL.

☞ *PERFORMANCE EVERY EVENING.* ☜

ON SATURDAY, MAY 17 1834

There will be two Exhibitions, one commencing at M. the

at the usual time.—Doors open half an hour prev

Doors open at half-past 7 o'clock. Performance to commence at 8 prec.

PART FIRST,

THE ORIGINAL AND CELEBRATED

AUTOMATON

CHESS PLAYER.

Invented by DE KEMPELIN, Improved by J. MAELZEL.

The Chess Player has withstood the first players of Europe and America, and excites universal admiration. He moves his head, eyes, lips, and hands, with the greatest facility, and distinctly pronounces the word "*Echec,*" (the French word signifying "*Check*") when necessary. If a miss-move is made, he perceives and rectifies it.

THE

Automaton Trumpeter.

The Trumpeter is of a full size, and dressed in the uniform of the French Lancers. The pieces executed by this Automaton are performed with a distinctness and precision unattainable by the best living performers; the measurement of time being, from the nature of the mechanism, absolutely perfect. In double-tongueing, his superiority is particularly manifested, not only in the clearness of the tones, but also in the number of the notes which are sounded. All the sounds are actually produced in the Trumpet, there being no pipes whatever within the figure. The pieces he plays were written expressly for him by the first composers. He will perform on each evening, two favorite pieces. 1st, the French or Austrian Cavalry Manoeuvres. 2d, A March, with an accompaniment.

THE

MECHANICAL THEATRE,

Purposely introduced for the gratification of Juvenile Visiters.

IT CONSISTS OF THE FOLLOWING PIECES;

1 The *Amusing Little Bass Fiddler.*
2 The *French Oyster Woman*—who bows to the Company, and performs the duties of her station, by opening and presenting her Oysters to the audience.
3 The *Old French Gentleman,* of the ancient Regime, who drinks the health of the Company with great glee.
4 The *Chinese Dancer,* accompanying the Music with his Tamborine.
5 The *Little Troubadour,* playing on several instruments.
6 *Punchinello* will go through his comical attitudes in imitation of the celebrated Mazurier.

1834年5月17日にフィラデルフィアのマソニック・ホールで行われたメルツェルの展示会を宣伝するビラの一部

P・T・バーナム

ーレにタークが登場するという典型的な出し物が書かれている。サイラス・ウィアー・ミッチェルというフィラデルフィアの医師は、子どもの頃に見たメルツェルのショーを「タークの東洋的な静けさと動く目は、その後も夜になるとずっと思い出すほど怖かった」と回想している。

1834年8月にはメルツェルは南下してヴァージニア州リッチモンド、さらにサウスカロライナ州のチャールストンへと旅を続け、タークは11月末に展示された。次の年にボストンに戻り、そこで若い興行師と会うことになる。彼はその後の思い出としてメルツェルを「大衆娯楽を引っ張る偉大なる父であり、私が将来興行師として成功するという確信をもらった人」と表現した。その若者はP・T・バーナムといい、メルツェルが彼に伝えた助言として、新聞を最大限に利用して展示会を宣伝しろという言葉を覚えていた。「あなたは新聞の価値を理解していると思うが、それはすばらしいことなのだ」とメルツェルはバーナムに言った。「興行師を助けるのに、タイプとインクに勝るものはない」。

1835年末になってメルツェルは2つの展示会を行った。1つはワシントンDCで、もう一方のリッチモンドではタークも出た。リッチモンドでオートマトン展示会を行っている間に、メルツェルはまたバーナムのように将来がたいへん有望そうな才能のある若者に出会った。その2番目の若者は興行師ではなくジャーナリストで、彼がタークについて書いたものはその後はるかに広く行きわたって有名なものになり、その過程が新しい文学の形を決めるものでもあった。彼の名は、エドガー・アラン・ポーといった。

第10章 終盤戦《エンドゲーム》

終盤戦：試合の最終局面で、盤面には駒が減っている。

その豪腕の男は自分の身体能力に喜びを感じ、自分の筋肉を行動に移す試練に燃え、道徳的な活動が解き放つことの意味を喜んで味わう。彼は最も平凡な仕事からも喜びを引き出し、自分の才能を生かす。彼は謎や地口や象形文字を好み、常識からは考えられない超自然的な洞察力をもって、どんなものも解き明かしてみせる。

——エドガー・アラン・ポー『モルグ街の殺人』より

1835年に初めてタークに会ったとき、エドガー・アラン・ポーは26歳で、ヴァージニア州リッチモンドに住んでいた。彼は2年前にボルチモアの定期刊行誌が主催する作文コンテストで賞を取って100ドルをもらってから、ジャーナリストとしての道を歩んでいた。これによってリッチモンドにある『サザン・リテラリー・メッセンジャー』という雑誌に職を得たが、酒癖が悪いために数カ月後に解雇された。しかし1835年の秋に、またこの雑誌の編集者という職が回ってきた。そして彼の努力のおかげで、この雑誌はその後2年で発行部数が500部から3500部に伸び、その間に彼は85本の評論、6本の詩、3本の長篇記事と4本のエッセイを書いた。そのエッセイの1つは彼がリッチモンドでタークを見にいった話で、それは1835年12月のことだった。

「メルツェルのチェスプレイヤー」という題のエッセイは1836年の4月に『メッセンジャー』誌に掲載された。主にタークの動きについての話が書かれていたが、その内容はかなりの部分をデイヴィッド・ブリュースターの人気本『自然魔術に関するレター』によっていた。ブリュースターの本はまたロバート・ウィリスに相当準拠していた。しかしポーは「メルツェルの展示会を頻繁に訪れて」自分自身の観察結果や推理をいくつか加えていた。そして自分なりの結論を導いているが、それはその後のミステリーや探偵小説の前身となるようなものだった。

「多分、メルツェルのチェスプレイヤーほど一般の関心を引いた展示会はいままでなかったろう」とポーは書き始め、「どこで見たとしても、物を考える人なら誰でも非常に好奇心をそそられるものだ。しかしその〝動作原理〟が何であるか、その疑問は解かれていない。この件について決定的と思われるようなものは、何も書かれていない」と続ける。ヴォーカンソンなどの仕事などを含むオートマトンの歴史について簡単に触れた後、ポーはタークをまさにバベッジの計算機関と比較している。彼の説明によれば、タークは対戦相手の動きに対応しなくてはならない。一方、バベッジの機械はすばらしいものだが、最初の構成によってあらかじめ定められた、数学的な操作をただ行うだけのものだ。彼は「もし前者を純粋な機械と呼ぶのなら、それは比べることもできないほどすばらしい人類の発明であると認めざるを得ないだろう」と結論づける。そして実際に「このオートマトンの動きは心によって操られており、それ以外のものではない……ただ1つの疑問点は人間的な作用がどのようにして生じているのかだ」。

ポーは次にこのオートマトンの出自に関する話を紹介し、それがどのように見せられたかについて、扉の開け閉めの順番などについても紹介する。そして彼は第2のチェス盤の使い方の説明に入り、動きがあるごとにメルツェルがそのチェス盤とオートマトンの間を行き来していると述べている。彼はメルツェルが「頻繁に人形の裏に回っては、それが取ったり取られたりした、チェス盤の（タータ側から見て）左側の駒を取り去っていた」という。ポーはまたタークの公演中にメルツェルが見せた奇妙な行動についても詳細に書いている。「オートマトンが駒の動きで迷っていると、興行師がときどきその右側に立って、自分の手をキャビネットの上で無造作に動かしている。また彼は変わったすり足で歩き、考えているというより企んでいる感じで、その機械と共謀していると疑いたくなるような動きをしている。こうしたおかしな点はメルツェル氏の独特の癖だとも思えるが、もしそれを意識してやっているとするなら、オートマトンが純粋に機械的に動いていると観客が誤解するようにわざとやっていることだろう」。その記事につけられたイラストには、タークがターバンに新たに羽をつけた格好で演技をしている姿が描かれている。

タークの演技について紹介した後、ポーはその仕組みを説明するさまざまな理論に注意を向ける。彼は小人や小さな子どもが入っているという理論を退け、ウィリスが「かなり学問的でない推論をしている」と非難している。ポーが反対しているのは、ウィリスが単純にタークの動きの概要を描いているだけで、それが正しいことを裏づけるために観察による証拠を十分提示していないという点だった。「それはただの憶測による理論で、状況説明をそれに合うように後から加えているだけだ」。それに対してポーは「オートマトンのことを説明するために、われわれはまず、それの操作がどのように実行されているのかをきちんと説明する努力をし、そしてその後に、われわれがそうした結論を引き出した元の観察結果の特徴についてなるべく簡潔に記述する」と述べる。

それに従ってポーはタークがどのように動いているか、主にウィリスの説明をそのまま

エドガー・アラン・ポー

繰り返しながら自分の説を展開する。彼の説によれば、オートマトンは隠れたオペレーターによって操られており、その人はキャビネットのいろいろな場所が開けられるのに先立って、中で位置を変えながら可動式の仕切りを調節し身を隠している。そしてその後にタークの体の中に入り込んでチェス盤が見える位置に移動し、オートマトンの腕を動かす。「われわれの結論は、以下の観察から得ている」とポーは宣言し、それを裏づける17の証拠を列挙している。

彼の観察によれば、タークはある場合には、動くのに普通より時間がかかり、それはオートマトンが隠れた人間の代理人によって操作されているということを示唆している。ポーはまた、オートマトンが常に勝つわけではないことに注目し、一部の試合には勝てる機械をすべて勝てる機械にするには少しばかり面倒なだけであろうということを根拠に、それが純粋な機械なら常に勝てるはずだと論じた。またタークは（明らかに相手が弱いことを怒っているときには）目を回して首を振るが、もっとたいへんな試合のときには余裕がないのか道化のような動作はしないから、これも中にオペレーターが隠れていることを示唆しているという。また、他のオートマトンは生きているようにスムーズに動くのに、タークがぎくしゃくした動きをするのも怪しく、本当はまるでそうではないのに、機械に見えるようにするための策略だという。

ポーはそれからオートマトンのキャビネットが見た目よりは大きく、中が布で覆われているのは隠れたオペレーターが立てる雑音を消すためだという。そして公演中に灯される2本の燭台は、オペレーターがタークの人形の胸の部分からガーゼを通して外を見るために必要なもので、挑戦者にはロウソクは1本だけだ。ポーはまたメルツェルの秘書であるシュルンベルジェが公演中には姿が見えず、ある日彼の調子が悪かったときにはタークの公演が中止になっていたことを指摘する。またタークが左手で試合を行うことにも意味があり、それは隠れたオペレーターがより簡単に動かせるようにするためだという。こうした証拠の断片は個々には納得しがたいものもあるが、全体を集めてみれば説得力のある論議もできる。「オートマトンのチェスプレイヤーの動きのこの説明に対して、何ら意味ある反論ができるとは思えない」と彼は結論づける。

ポーの説明は、短篇の探偵小説で展開されるような形になっており、後にこの分野の有名な作家になっていく片鱗が見える。短い序幕《プロローグ》的事件の後に謎が提示され、数々の怪しい臭いのする証拠が並べ立てられる。捜査員たちが困って投げ出すと、探偵が観察結果を並べ立てるが、その意味はすぐにははっきりわからない。彼はそれをもって一気に事件解決に向かうが、物語の最後で初めて、彼の観察結果によって段階を追って推論した結果、いかにして謎が解けたかが明らかになる。

ポーが後年書いた物語『モルグ街の殺人』にその典型的な例を見ることができる。この話はまず、目撃者の談話を含めて詳報された2件の陰惨な殺人事件の新聞記事から始まる。アマチュア探偵のデュパンはこの殺人事件の現場を訪れて、この物語の語り手が気づいていないいくつかの大事な点を見つける。そしてデュパンはこの謎を解いたと言い、彼が出したばかりの新聞広告に反応して、殺人犯の共謀者が彼の家にすぐにやってくると宣言する。その共謀者がやってくるまでの間、デュパンはどうやってその仮説を立て、彼の観察でそれが裏づけられたかを説明する。すると共謀者が到着してすべてを告白し、デュパンの説明が正しかったことが確認される。

こうした光を当ててみると、ウィリスのタークに関する説明は欠陥だらけで、彼はどういう理由で結論に至ったか、またなぜそれが正しいと信じるのかを説明していないし、ただタークがどう動いているかの概要を並べているに過ぎない。その反対に、ポーは自分の説明を観察で裏づけている（彼のいくつかの説明は他の説明より的を射たものではある）。あとは、メルツェルが、ポーの説明が正しく、人を箱の中に入れて、チェスを指すオートマトンとして展示していた罪を認めることだった。ポーは「メルツェルに直接〝このオートマトンは純粋な機械仕掛けなのか〟と尋ねると、答えは決まって〝それについては何も言わない〟だった」と書いている。彼はさらにメルツェルに自分の書いたものに対しての返答を欲しいとまで頼んだが、ある新聞の記事によれば、「オートマトンに関するエッセイに答えてもらうことはできず、編集者がメルツェル本人がだめなら誰でもかまわないからその答えを欲しいと迫った」ということだった。しかしメルツェルは返答しなかった。ポーのエッセイが出版された頃には、メルツェルとタークはフィラデルフィアに帰ってきており、4月末から2カ月にわたって展示が続行された。

このポーのタークを分析した方法は、その後に彼が書くことになるミステリー小説の原型であると広く見なされ、このエッセイではその後のデュパンの教師のような文語的口調が試みられており、ポーは後年、デュパンの性格は自分をモデルにしていると認めている。ポーの伝記作家は多くいるが、そのうちの1人、J・W・クラッチは1926年に、「メルツェルのチェスプレイヤーはポーが論理的な推論過程を意味するために好んで使った言葉、いわゆる〝推理（ratiocination）〟の力を大々的に示す最初の実例だった」としている。もう1人の伝記作家ハーヴェイ・アレンは「これこそが彼が的確で抽象的な推論を行う力を発揮した最初の作品で、その後の『モルグ街の殺人』のような推理小説における方法論に先駆けるもので、ひいてはこれがシャーロック・ホームズの成功にまで保持されていくことになった」と宣言した。しかし実際のところは、このポーのエッセイは、彼を称賛する人たちが言うほど完璧な推理作品ではない。ポーは言われているよりもっとブリュースターやウィリスの論に依存しており、彼の論議のいくつかは論理的に見えるがいんちきなものもあった（「いつでも勝てる機械を作ることは、ときどきしか勝てない機械を作るよりほんの少々難しいだけ」などという論議）。そして最も重大な点は、彼のタークの機構に関する説明が、実際は間違っていたということだ。

しかしそうであっても、それ以前に出されたタークの暴露記事などと比べ、ポーのエッセイはかなりの反響があった。『ノーフォーク・ヘラルド』紙は「この記事はたいへんな注目を喚起した」と紹介し、東海岸各地の新聞がこれを再録したり引用したりした。ポーの説明が真実かどうかはわからないものの、確かに説得力があり、その人気を確信したメルツェルはまた興行開始をするときが来たと、荷物をまとめて遠征を開始した。

　1836年の秋、メルツェルはピッツバーグから西海岸に向け、オハイオ川を蒸気船で渡り、シンシナティやルイズヴィルに滞在した。そこから彼はミシシッピ川を下ってちょうどクリスマスの後にニューオリンズに着き、そこで翌年の2月末まで公演を行った。そしてその後船でハバナまで行き、そこでの公演は短期間だったが大成功だった。メルツェルの公演では、タークに加えてトランペット吹きオートマトン、メロディウム、綱投げダンサー、機械劇場、そして新しい出し物として「パイリック・ファイヤー」というジオラマも加わっていた。しかし観客が、「あの有名な〝モスクワの大火〟はどこにいったんだ」と騒いだため、彼は売却してしまったそれに代わるもっと大型の改良版を作り、翌年もそれをハバナに持ち込み、興行を行う決意をした。それ以降は南米のツアーに乗り出すつもりだった。

　メルツェルが船でフィラデルフィアまで帰ってくると、またタークの暴露話が待っていた。元の記事は1836年に『パラメッド』というフランスのチェスの雑誌に掲載されたものだったが、それが1837年2月6日に『ナショナル・ガゼット』に翻訳されて再録されたのである。その著者であるマチュー＝ジャン＝バティスト・ド・トゥルネーは、基本的にはラクニッツの説によるタークの仕掛けを踏襲しており、隠れたオペレーターがチェス盤の動きを磁石の仕掛けを使って追いながら操作していると説明していた。ド・トゥルネーもポーのように、ついにオートマトンの秘密を解き明かしたと主張したが、当時は新しい野心的なジオラマの構築に没頭していたメルツェルからはポー同様に無視された。この製作は金のかかる大事業でその年の夏から秋を費やし、その期間中メルツェルはフィラデルフィアでは興行を行わなかった。メルツェルはジオラマをあまりに凝った造りにしたので、金も時間もかかり、結局はフィラデルフィアのビジネスマンである友人のジョン・オールから資金を借りて、製作のための大工や絵師の費用に充てることになった。そしてついに11月9日になって、メルツェルはオールの所有する小さな船ランセット号でハバナに向かうことになった。

今度の展示会は12月の末には準備が整い、メルツェルとしてはカーニヴァルの季節である、クリスマスから2月末までの期間はずっと興行を続けるつもりでいた。特に「モスクワの大火」の次の作品であるジオラマの評判がよく、メルツェルは興行を1838年の3月いっぱいまで延長することにした。しかしこれが結局は失敗につながった。四旬節が始まると、観客数が大幅に落ちた。しかしもっと悪いことが待っていた。4月にはメルツェルの親友で秘書だったシュルンベルジェが黄熱病にかかって死んでしまい、メルツェルの一団の他のメンバーも辞めてしまったのだ。64歳のメルツェルは突然異国の地で1人ぼっちになり、大きな負債を抱えたままで、一緒にいるのは彼のオートマトンだけだった。

結局、ハバナにいるオールの事業仲間のフランシスコ・アルバレスが哀れんで、メルツェルにいくばくかの金を貸してくれた。もう南米のツアー計画は論外の状況だったので、メルツェルは気乗りはしないものの、フィラデルフィアの仲間に手紙を書いて、帰るまでに新しい展示場を用意しておくように指示した。7月14日に彼はハバナから、オールの別の船であるオーティス号に乗った。しかしその頃のメルツェルはぼろぼろだった。オーティス号の船長ノーブルは、数カ月前にハバナで彼に会っていたが、自分の船の乗客の急な健康の衰えを見てショックを受けた。出帆した最初の夜に、デッキで旅行用のチェス盤をいじっているメルツェルを見かけた船長は、彼を元気づけようと、自分はあまり強くはないもののチェスの試合をしないかと誘った。メルツェルは最初の試合では簡単に勝ったが、次の試合ではなんとなく不機嫌な様子でやる気がなくなり、そして負けた。これはメルツェルが行った最後であろう試合の悲しい結果だった。

その夜に自分の船室に戻ったメルツェルは、給仕に言って、自分が買って持ってきたワインの箱をベッドの近くに運んでこさせた。その後6日間、彼は船室に閉じこもったまま、ワインをそのままボトルから飲み続け、誰にも会うことがなかった。乗船してから7日目の1838年7月21日に、船がチャールズタウンに寄港したとき、メルツェルがベッドの上で死んでいるのが見つかった。彼が残したものは、自分のオートマトンと、アルバレスから借りたダブルーン金貨12枚と、自筆の書類少々と、かなり昔にプロシア王からもらった金メダルとチェス盤だけだった。船乗りの伝統に従って、メルツェルの足には4ポンドの砲弾が結ばれ、エンターテインメントの王子は海の底へと葬られた。

フィラデルフィアの最も派手な人物として好かれていたメルツェルの死のニュースは、当地で大いなる悲しみをもって受け取られた。彼の死を伝える『ユナイテッド・ステーツ・ガゼット』は「彼の才能がその手で作られた作品に息を吹き込んだが、その鼻孔はもう息をすることはない。子どもに向けて優しく微笑む彼の顔はもう地に光を投げかけることはない。かの有名なタークの動きを検査するときに眉をひそめて額に寄せた皺は、もう知性を示すこともない。彼はハルモニコンの奏でる音楽が高鳴る国へと旅立ったのだと思いたい」と悲しみを伝えた。

1859年にフィラデルフィアのチェスの歴史を書いた作家ジョージ・アレンは「今日に至るまで、この地で展示会に足を運んだ人や個人的なつきあいがあった人の間では、メルツェルは愛と尊敬に満ちた感情とともに記憶されている。彼が自らの収入を得るために比類なき才能をもって作られた珍しい機械類を展示したことは、偉大な画家が自分の作品を展示する画廊を作って利益を得たり、偉大な作曲家が交響曲の労作を指揮して援助を得ようとしたりする行いに劣らず立派なものだった」と書いた。

メルツェルは死んだときにはまだ借金をしたままだったので、オールはメルツェルの財産を所有することになり、それらを売却するための一般向けオークションを開催すると宣言した。オートマトンやジオラマはまだ梱包されたままだったが、そのまま売られることになった。オークションは1838年9月14日にフィラデルフィアで開催され、タークが最初に競りにかけられることとなった。そしてオール自身が、それを400ドルで落札した。オールにはタークを展示する意志はなく、ただ他の買い手により高く売ろうという投資目的で買ったのだ。しかし買い手はつかず、彼はメルツェルのような優れた興行師がいなければタークには価値がないことに気づいた。そしてついに1840年の春になって、ジェファーソン・カレッジの教授を務める有名な医師ジョン・カースリー・ミッチェルに400ドルで売り渡した。

ミッチェルはメルツェルのことはあまり知らなかったが、ポー家のかかりつけ医だった（エドガー・アラン・ポーと彼の家族は1838年からフィラデルフィアに住んでおり、ポーは何度かミッチェルから金も借りていた）。ミッチェルはタークに魅せられ、ついにそれがどうやって動いているかの秘密を握ることになった。その操作は隠れたボタンや磁石を使っていたのか？　彼の友人のポーの推理は正しかったのか、それともド・トゥルネーの記事がいいところを突いていたのか？　ミッチェルはもし自分がタークを買わなければ、すべてが曖昧なまま消えてしまうことを恐れたのだ。もしその秘密が明かされて保存されなければ、それは永遠に失われてしまうだろうと彼は考えた。ミッチェルはそれを買うために、新しい方法を考案した。彼はクラブを立ち上げ、５ドルから10ドル払って会員になれば、その秘密に触れることができるようにしたのだ。そして75人の会員から５００ドルを集めて、５つの箱に分解されたタークの受け取りを心待ちにした。

しかしすぐに、そのオートマトンはまだ秘密を明かしたがらないことが判明した。５つの箱にはタークの部品とメルツェルの回転木馬を含む他のオートマトンの部品が混在しており、いくつか入っていないものについてはロンバード街埠頭のオールの倉庫から探してこなくてはならなかった。タークの服や足、パイプ、頭の一部などがなく、ミッチェルの作った「行方不明」リストには、キャビネットの扉や車輪やチェスの駒なども含まれていた。このまぜこぜの状態は、メルツェルが梱包されたオートマトンから秘密が暴かれないようにするために行った策略だったのかもしれない。

１８４０年の夏の間に、ミッチェルは空いた時間をタークの公演に関するさまざまな記事や、その動きを説明する理論を読むことに充てた。彼は何人かの友人とも協力して、彼の息子のサイラスがその後に回想したように「多くのおかしな失敗」を通して、タークの秘密を発見し、オートマトンを元どおり動くまでに修復した。そしてついに9月の最初の週に、ミッチェルのオフィスという慣れない場所で、タークは2年ぶりに動き出した。ミッチェルはがんばってタークの以前の演技になるべく近づけようとしたが、彼にはメルツェルの存在感やカリスマ性はなかった。それにもちろん、タークの以前の公演と比べていくつかの大事な点も異なっていたが、いったんその演技が終わると、出席者にその秘密に関する注意深い説明が行われ、彼らは自分でオートマトンを検査することができた。

その後数週間にわたってタークは、そのクラブの会員や家族に対しても同じように見せられた。しかしその秘密を知るやいなや彼らの興味は失せ、ミッチェルもオフィスを取り戻したくなった。そこでクラブではこのオートマトンを、フィラデルフィアのウィルソン・パールという人物が所有する、骨董品を集めて展示するチャイニーズ・ミュージアムに寄贈することにした。そして博物館に設置されると、一般向けにタークを公開してほしいという要請から、11月から12月初めにかけて何回かの公演を行った。あるときは、ミッチェルが学校医を務めている地元の女学校の生徒を招いて、オートマトンの演技を見せたこともある。女生徒たちはその箱の周りに集まって、いろいろな扉の中を覗き込んだり開けたり閉めたりしていたが、彼女たちにはその秘密がわからず、ミッチェルはそれを楽しんでいた。

興行師としてのメルツェルを欠き、限られた環境に押し込められたタークは、昔の姿の抜け殻のような惨めな存在になっていった。そのうちにぽつぽつ来ていた観客の足も遠のき、オートマトンは博物館の裏の階段の近くの目立たない場所に移動させられ、だんだんと忘れ去られた存在になっていった。

14年経った1854年7月5日の夕刻に、チャイニーズ・ミュージアムと同じ通りにあるナショナル劇場が火事になった。火の手は急速に広がり、1ダースほどの家屋や店舗を呑み込み、10時半にはミュージアムに迫ってきた。誰かが気づけばタークを救出する時間はあったかもしれなかったが、サイラス・ウィアー・ミッチェルが、数年前に父親がタークを救出したときのように、現場に駆けつけたときには、もう手遅れだった。「大勢の野次馬を掻き分けて、階下の広間に入り、裏手の階段の下まで進んだ」と彼は回想する。「踊り場のあたりは厚い煙幕で覆われ、まるで生き物のようにめらめらと炎が立ち上っていた。もう上に行くことは不可能で、炎はそこまで迫っていた」。ミッチェルの息子はどうすることもできず、しばし階段の下に佇んでいたが、建物を離れることにした。そして火の手が穴を壊しガラスを割る音に混じって、彼はタークが炎に包まれながら「王手《エシェック》！王手《エシェック》！」と叫んでいる最期の言葉を聞いたような気がした。

第11章 タークの秘密

エクスポーズド・キング：キングの近くにわずかな味方のポーンなどしかなく、攻撃に対して脆弱な状態。

あなたが不可能なものをすべて排除し、そこに残ったものが、いかにありそうもないことだとしてもそれは真実に違いない。
——コナン・ドイル『シャーロック・ホームズ　四つの署名』より

タークの85年の生涯の間に出された、その秘密を憶測するさまざまな試みの中に、完全に正しいものは1つもなかった。それならそれはどのようにして動いていたのか？　ラクニッツはその一部を突き止めたし、ウィリスもそうだったが、両者の説明には重大な欠陥があった。そしてタークのメカニズムを正しく解き明かした記事が何本かあったものの、当時それらは玉石混淆の憶測の大波の中に埋没して顧みられることはなかった。

やっと1857年になって、タークの最後の所有者だったミッチェルの息子、サイラス・ウィアー・ミッチェルの書いた公式記録が出された。ミッチェルの書いたタークの秘密に関する一連の記事は「ベテランのチェスプレイヤーの最期」と題され、ニューヨークの『チェス・マンスリー』という雑誌に掲載された。この記事はミッチェル自身の記憶を元に、父親の書いたメモもいくぶんか使われている。その中にはいくつかの伝説（ジョージ3世やルイ15世との対戦）が繰り返し述べられ、タークの公演についてのいくつかの誤りも含まれている。しかしミッチェルの記事と、フィラデルフィアでの最後の時期の文書を併読すると、オートマトンの謎の全貌の説明がつく。

広く疑われていたとおり、タークはその内部に公演の間終始隠れていたオペレーターによって完全に操られていた。そのためワイヤーやガットは必要なく、オートマトンの下や背後に落とし戸は必要なかった。そして外部から磁石を巧みに使って戦略を伝えるという必要もなかった。実際にキャビネットの外にいる興行師がケンペレンだろうがアントンだろうがメルツェルであろうが、オートマトンの動きを直接制御することはなかった。試合中にケンペレンが覗き込んでいた小箱や、メルツェルがポケットの中で指を動かしたりタークのキャビネットの上で指を打ちつけたりしているしぐさは、多くの人が正しく見破っていたとおり、ただ観客の注意を逸らすためのものだった。

試合が始まる前からオペレーターが入っているとするウィリスの説は、その後はポーが引き継いでいたが、ほぼ全面的に正しい。タークの（観客から見て）左側に見える機械類は、ウィリスが疑っていたように、箱の奥までは詰まっておらず、3分の1までしか入っていなかった。キャビネットの上面を全部取り外すと、機械類の裏にあるスライド式の座席に乗り込めるようになっており、キャビネットの後部の引き出しの裏に足を伸ばすことができた。（ラクニッツが想像していたように）引き出しはキャビネットの奥までは達していなかった。引き出しの奥は折り畳み式で、前に引っ張り出すと引き出しの奥行きがキャビネットと同じ長さがあるように見えた。ラクニッツはオペレーターが引き出しの後ろに空いた空間にしか入れないと考えていたがそれは間違いで、機械の後ろにはまだオペレーターが起き上がれる空間が残されていた。そのためオペレーターは子どもや小人や足のない人である必要はなく、このキャビネットには標準サイズの大人が入ることができた。

公演が始まる時点ではオペレーターは（キャビネットの奥側にある油を塗ったレールの上に備えつけられた）スライド式のシートに乗って前方に移動し、膝を立ててかがんでいるが、これはあまり居心地のいい格好ではなかったろうと思われる。このシートを動かすと、キャビネットの（観客から見て）前面左側の扉から見える機械仕掛けの裏にさらに小さな偽の機械がセットされるようになっている。そうすれば興行師がキャビネットの裏の小さな扉を開けてロウソクの火をかざし、そのチラチラする光を厚い機械の壁を通してみせることで、ずっと奥まで機械が詰まっているように見える。

興行師がロウソクを外して裏の扉を閉めれば、オペレーターは足を伸ばして動くシートをスライドさせ、後方に動ける。この動きに連動して偽の小さな機械は収納され、前面から見えていた機械類の裏にありロウソクの光を通していた小さな窓も閉じる。そうすることによって、機械仕掛けの裏の部分に座っているオペレーターは、もう観客から見られる危険性がなくなる。

そしてオペレーターは、観客がキャビネットの他の主要部分を調べることに備えなくてはならない。ウィリスが疑っていたように、緑の羅紗で覆われた部分の構造は見かけほど単純ではなかった。足を伸ばしたオペレーターは、主要部分の床の一部である蓋で足の部分を覆い、やはり主要部分の一部を成している扉を閉めて自分の上半身を隠す。これによって主要な部分はほとんど空っぽの箱に見えるようになる。そしてオペレーターが糸を引っ張ってその端をボタンに結びつけることによって、車輪やシリンダーや真鍮の四分義の形をした小さな機械類が持ち上がって出てくる。これもまた偽の機械で、何の機能も果たしていないものだ。

こうした操作には数秒しかかからないが、興行師はすぐには正面の扉を開けようとはしなかった。その代わりに、引き出しを開けて、ゆっくりと手間をかけながら駒を取り出した。それが済むと興行師は主要部分の扉を開き、内部にほとんど何もないことを見せた。次に彼は主要部分の裏側の扉を開き、ロウソクを持ち込んで観客がその内部を観察できるようにした。そして興行師はこの装置全体を回して、トルコ人の人形の背中にある扉を開いては、その中にある偽の機械を見せる。

いったん観客がこのキャビネットの中に誰も隠れている可能性がないと確信すると、興行師はすべての扉を閉じ、タークの左腕の下にクッションを敷き、パイプを取り去り、オートマトンのネジを巻く。その間に、オペレーターはタークの内部で配置換えをする。中央部分との間の扉を開けて、偽の機械をしまう。次にオペレーターは左手にある小さな扉を開け、タークの身体の中にある小さな区画を開くと、そこには火のついたロウソクが入っており、それでキャビネットの内部をゆるやかに照らす。このロウソクから出た煙は、煙突状のパイプを伝ってタークのターバンのいちばん上にある穴から出ていく。キャビネットの上にある2本のロウソクは、タークが演技をしている間、この内部のロウソクの燃える臭いや煙をごまかすためのものだった。キャビネットの上面の周りにある空気穴はオペレーターに新鮮な空気を入れるためのものだ。そこまでしても、タークの内部は暗くて煙の臭いが立ち込めているため、公演は1時間ほどに収めなくてはならなかった。それ以

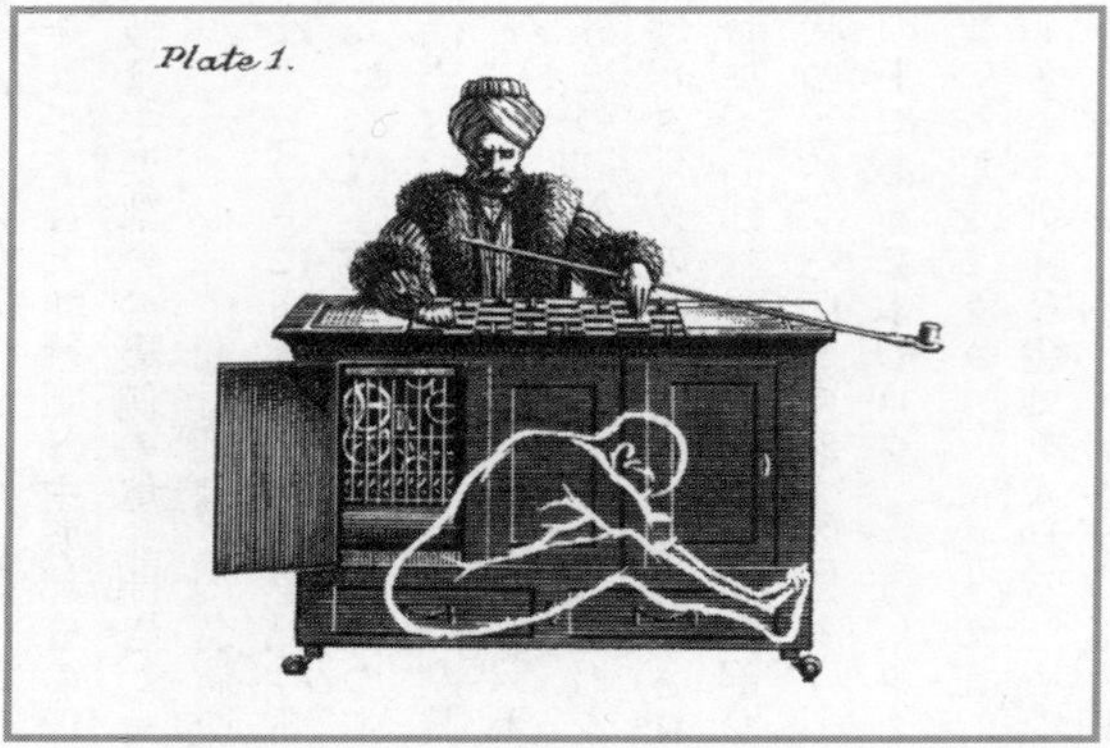

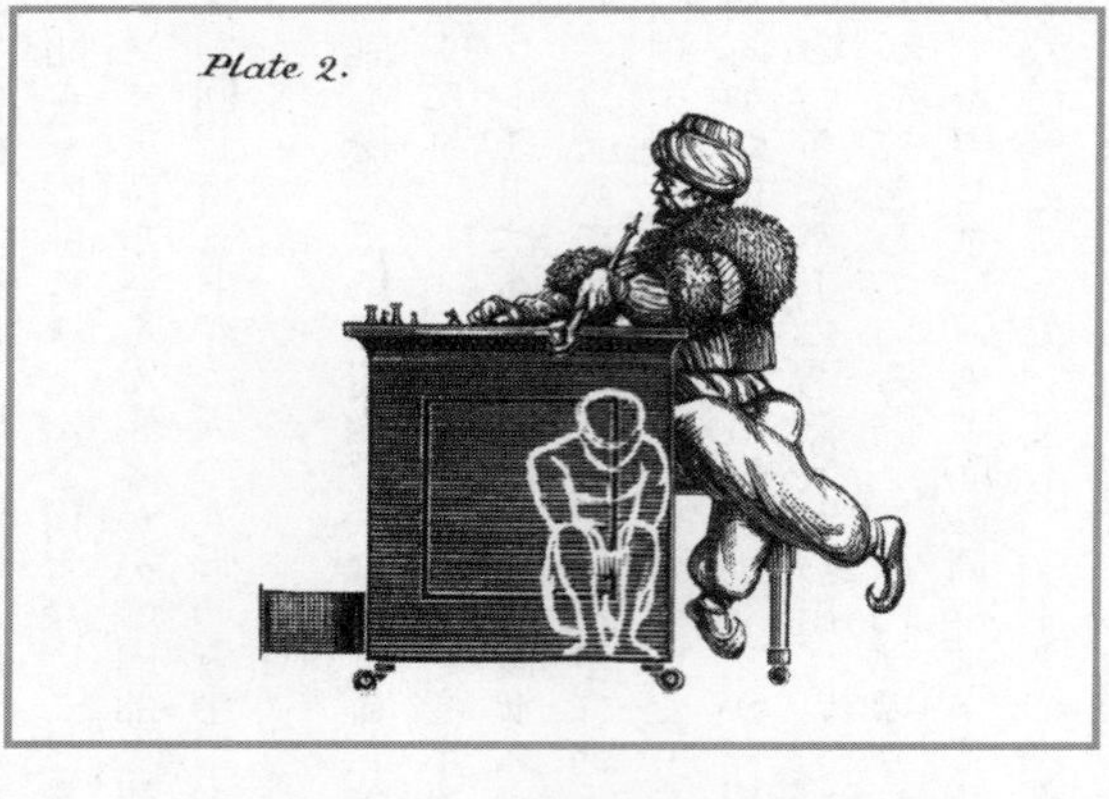

タークのオペレーターがスライド式のシートに乗って前後に移動しながら、いろいろな部分の折りたたまれた仕切りを開け閉めしている様子を描いた図

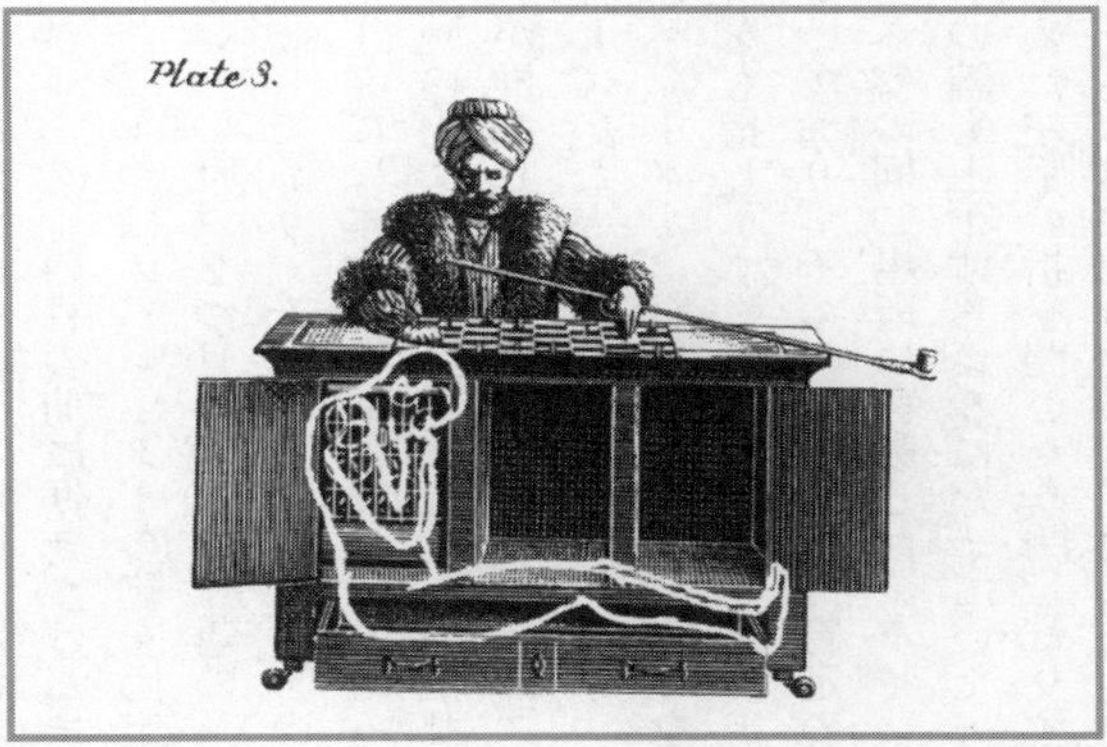
Plate 3.

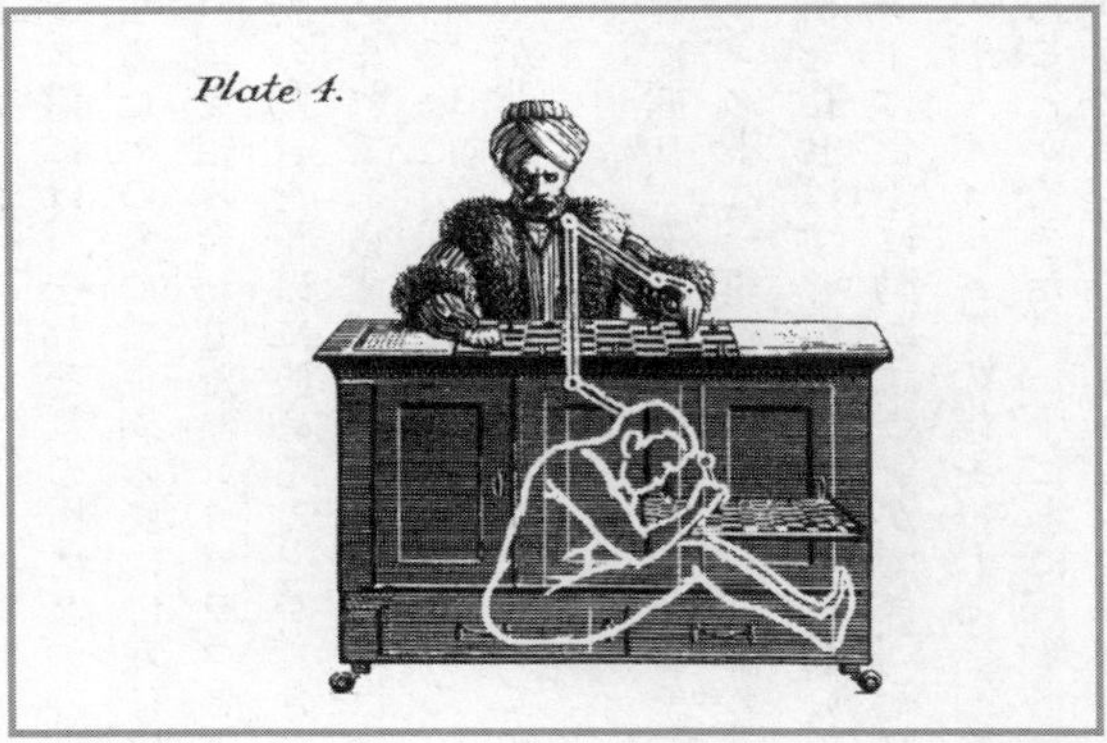
Plate 4.

上の時間ではオペレーターが耐えられなかったのだ。

オペレーターの目の前に据えつけたチェス盤には、それぞれの桝に2つの丸い穴が開いていた。1つはオペレーターの駒を固定するためのもので、駒の底には穴にはまる留め釘《ペグ》がついていた。2つ目の穴は、一連のレバーを組み合わせたパンタグラフと呼ばれる機械と連動しており、それを使ってタークの腕の動きを正確に決めることができた。ウィリスはタークには本物の機械はまったく組み込まれておらず、オペレーターが自分の腕をタークの腕の中に入れて動かしていると推測していたが、これは完全に間違っていた。ラクニッツが推測していたように、オペレーターが非常に洗練された機構を使ってタークの腕を操作していたというのが正しい。

オペレーターは金属製のポインターを手に握り、それを動かして内部のチェス盤のどの場所をも指し示すことができた。そのポインターは一連のレバーを介してタークの腕につながっており、そのポインターで特定の桝を指せばすぐにタークの腕が動いて、外にあるチェス盤の同じ場所に移動した。ポインターは上下に動かすことができ、それによってタークの腕も上下するようになっていた。そしてポインターの端をひねると、タークの手袋をはめた左手の指を開いたり閉じたりすることができた。一手ごとに、オペレーターは自分のチェス盤の駒を動かし、次にタークの腕を操作して外部のチェス盤の対応する駒を動かした。もしタークの指から駒が落ちてしまっても、オペレーターは腕を目的の桝まで動かして興行者にその場所を教えた。すると興行者が落ちた駒を拾って、それをその桝に置いた。

しかしオペレーターはどうやって対戦相手の動きを読んだのだろうか？　ウィリスはオペレーターがタークの人形の中に隠れて胸のあたりの穴からガーゼを通して外部のチェス盤を見ていると間違って主張していたが、それならば内部にチェス盤を置く必要はない。実際はもっと複雑なことをやっていた。ラクニッツやベックマンが示唆していたように、駒には小さいが強力な磁石が入っており、チェス盤の各桝の真下には敏感なバネ状のワイヤーに小さな金属の円盤が吊るされていた。駒がある桝に置かれると、金属の円盤が駒の中の磁石に引き寄せられ、その桝の下に引っつく格好になる。駒が持ち上げられると、円盤が落ちてワイヤーの先でぶらぶらと揺れる。チェス盤の下から見ていれば、まずはある桝から円盤が落ちてきて揺れ、次にある円盤が急に持ち上がるので、オペレーターは外のチェス盤のどの駒が動いたかがわかる。そこでそれに対応して内部のチェス盤の駒を動かしてから、自分の動きを考えることができる。

つまりタークの仕組みには、少なくともある部分では磁石が使われていたことになる。キャビネットの上に大きな磁石を置いても、明らかにチェス盤の下についている円盤には何の影響もなく、ケンペレンやメルツェルは何回かこういうことを見せている。そしてナポレオンがタークの人形の上半身にショールを巻いたとされているが、それもオペレーターの試合進行には何の影響も与えなかったことになる。

円盤の上下で駒の位置を知ってパンタグラフで自分の駒を動かす以外にも、オペレーターはいくつか利用できる道具を持っていた。無意味な雑音をわざと発する機械があったが、それはオペレーターが任意に動かしたり止めたりすることができた。オペレーターは自分の動きを決めると、機械を動かしてからパンタグラフで駒を動かして、その後に機械を止める。こうすることによって、タークの腕の動きがショーの最初に披露された凝った機械仕掛けによってなされたような印象を強化することができる。それに加えてオペレーターは、糸やレバーを引っ張って、タークの頭を振ったり目を動かしたり右手を机の上で動かしてコッコッと音を立てたり、「エシェック」という言葉を発する音声装置を起動することができた。またガタガタと雑音を発するバネがあって、オペレーターの咳やくしゃみの音を隠すことができた。また「ナイトのツアー」を演じるときに必要な駒の動きを書いた穴あきの紙があり、必要なときにはそれを内部のチェス盤の上に置いて使った。

そして最後に、何か不測の事態が起きたときのために、オペレーターと興行師が連絡を取り合える簡単な装置があった。それは0から9までの番号を振った2つの回転式の円盤が、キャビネットの背面を挟んで内側と外側についたものだった。これらの円盤の中心は細い軸でつながっており、軸の端にはそれぞれ番号を指し示すポインターがついており、オペレーターか興行師が回して、事前に決めておいた意味を持った番号を指示できるようになっていた。それを使って、興行師がオペレーターに対戦相手に勝たせるとか、急げとか、音をもっと立てないようにしろなどと指示したり、オペレーターが興行師に、試合の準備が整ったとか、試合を放棄したいとか、ロウソクを足してほしい（その場合、興行師がタークの機械を調整するという口実で行った）とか伝えることができた。

　仕切りが畳めたり、パンタグラフや磁石入りの駒、上下する円盤などを使ったりしているというタークの操作のさまざまな要素については、長年にわたっていろいろな指摘が行われてきたが、外から観察している人にはそれらすべてをきちんと組み合わせることはできなかった。多分最も驚くべきことは、タークの輝かしい興行史を通して、それを操作してきた選ばれた男女たちからほとんどその秘密が漏れなかったことだろう。

　もともとタークが１７７０年春にウィーンでお披露目されたとき、このオートマトンの中に隠れて操作していたのが誰だったかはわからない。それはケンペレンの子どもの誰かだったという説もあるが、当時の彼にはテレサという2歳の娘しかいなかった。１７８０

年代のヨーロッパのツアーでは、彼の子どもの誰かが操作していた可能性はあり、その頃にはテレサは10代半ばで、息子のカールは1771年生まれで12～13歳だった。しかしケンペレンが生きている間には、何人かのオペレーターがいたと考えられる。それを裏づけるような話は、1774年8月にケンペレンの家でタークを見たスコットランドの貴族ロバート・マレー・キース卿にケンペレンが送った手紙に書かれている。ケンペレンは、最近の公演でオートマトンが壊れてしまい、直すのに1～2週間かかると書いている。そしてまた、「噂をお聞きかもしれませんが」と、それが散々な試合しかできなかったことも認めている。多分、当時のタークのオペレーターは強くなく、ケンペレンは新しい人を雇って訓練するのに時間が必要だったのではないかと思われる。彼はヨーロッパのツアーでは名人を動員することができたのは明らかで、ヨーロッパでも最強の指し手と対戦していちばん強い相手にしか敗れていない。しかし正確なところケンペレンの生涯の間に誰がタークを操作していたかはいまだに謎のままだ。

タークのオペレーターとして名前がわかっている最初の人は、メルツェルのために働いていたジョアン・アルガイアというウィーンのチェスマスターで、タークがウジェーヌ・ド・ボアルネに売られるまで操作していた。つまりアルガイアはナポレオンとタークが対戦したときにも操作していたということになる。ウジェーヌはタークを所有している間に、タークを操作するために女の子を雇っていたとされるが、これもケンペレンの子どもが入っていたとする説同様に、この中には子どもか小人しか入れないという当時流行った説を反映したものに過ぎないだろう。

1818年からタークがメルツェルの手に渡って、パリに持っていったときの話はもっとはっきりしている。メルツェルはカフェ・ド・ラ・レジャンスでタークを客と対戦させるより、むしろ彼らを雇って操作をさせたのだ。そのオートマトンの中に最初に入ったのは、ボンクールというフランス人の信頼の置けるチェスの名手だったが、背が高く、彼がタークの中に入っているとは疑われなかった。しかしボンクールは指すのが遅く、あるとき試合中にくしゃみをするという大失態をやらかしてしまった。それからメルツェルは、これ以上咳やくしゃみをしてもわからないように、騒音を立てるバネなどの装置を導入することにした。パリでは他にも2人のプレイヤーが操作しており、そのうちの1人アーロン・アレクサンドルはチェス百科事典の著者としても知られている有名人で、もう1人のウェイルという男についてはほとんどわかっていない。

タークをロンドンに持っていった際には、メルツェルはオペレーターとしてウィリアム・ルイスを雇った。彼は英国一と言われたジェイコブ・サラットの弟子で、サラットは高齢を理由にタークを操作する幸運を辞退していた。あるときルイスがオートマトンに入って試合をしていると相手が非常な才能を発揮し、サラットのもう1人の弟子のピーター・ウンガー・ウィリアムズではないかと勘ぐった。それは1時間半に及ぶ大試合になったが、結局はルイスが勝利し、その後に実際の相手がウィリアムズであることがわかった。ルイスはメルツェルを説得して秘密を知らせ、ウィリアムズもまたオペレーターとして加わることになった。

1819年の夏にメルツェルが英国北部にツアーを行おうとしたとき、ルイスもウィリアムズもロンドンを離れられなかったので、他に誰かを雇う必要があった。ついには交代要員として、フィリドールの甥の息子にあたるフランス人のジャック＝フランソワ・ムーレを雇うことになった。ムーレはパリで好まれた早いチェスを指し、それは時間をかける英国人に対して優位に働いた。彼はタークの右手でキャビネットの上を叩いては目を動かし、対戦相手に急ぐようにプレッシャーをかけた。ムーレはメルツェルが1825年末にアメリカに発つまで、オペレーターをやっていたようだ。

アメリカ行きを急いでヨーロッパを出発したメルツェルは、新しいオペレーターを雇い入れていなかったが、それで最初は終盤戦の試合しかしなかったことが説明できる。大西洋を渡る間に、メルツェルはまったくのチェスの初心者である若いフランス人の女性に、試合のルールとオートマトンの操作法を教えなくてはならないはめになった。特に彼女は、メルツェルの緑の本に入っている終盤戦の試合を集中的に学んだが、そのうちのいくつかは先手を取れば誰でも必ず勝てるように慎重に選ばれたものだった。タークはいつも先手を取ることになっていたので、ほとんどの場合は勝利が保証されており、それ以外の場合でも彼女がそれらの終盤戦に馴染んでいたので優位だった。ニューヨークでの最初の公演の間に、彼女がオートマトンを操作しているのではないかと疑われたが、彼は新しいオペレーターに交代させ、彼女が観客に混じってオートマトンと試合もできるようになったため、この噂は消し飛んだ。そのときタークに入った若者は、メルツェルの仲間ウィリアム・コールマンの息子で、『イヴニング・ポスト』の編集者だった。

タークが1826年10月にボストンに着いてから急に完全に試合を行えるようになったのは、ヨーロッパからウィリアム・シュルンベルジェが着いたからである。彼はカフェ・ド・ラ・レジャンスの常連で、メルツェルは彼を新しいフルタイムの監督として雇った。シュルンベルジェはすぐにメルツェルと意気投合して秘書となり、右腕的存在となったが、多くの人からタークを操作している人物として疑われてきた。ボルチモアで2人の少年にタークの箱の中から出てきたところを目撃されたのは彼で、その話はともかく正しく、シュルンベルジェの調子が悪いときには公演が延期されたというポーの指摘も正しい。シュルンベルジェは生涯ずっとタークの操作監督で、子どものいなかったメルツェルにとって、わが子のように思っていた彼が若くして死んでしまったことは、最愛のオートマトンに生気を与える人を失ったとともに二重の痛手だった。

メルツェルが死んだ後には、タークは複数の人が操作したが、最も頻繁に動かしていたのはロイド・スミスという若いフィラデルフィアの人で、ジョン・ミッチェルがそのオートマトンを買い取るために作った会の会員の息子だった。スミスは父親に連れられて、オートマトンのデモに行き、ミッチェルから誘われてそれを操作したが、スミスの回想によればミッチェルは、「中に入っている人とうまくいっていなかった」。彼はすぐにタークのオペレーターを代わり、ミッチェルの書斎で何度か公演を行った。スミスはチャイニーズ・シアターで何度か行われたタークの公演でも中に入っており、おそらくこのオートマトンを操作した最後の人だったと思われる。

1858年にスミスはチェスの歴史家ジョージ・アレンに手紙を送り、タークの操作経験を少々語っている。彼の手紙は現在、フィラデルフィアのライブラリー・カンパニーの公文書として保存されているが、タークの秘密とオペレーターが取っていただろう姿勢をざっと描いたスケッチを含む、直接的な資料として唯一のものだ。スミスはタークの最後の時期の一試合について書いている。そこで彼は「チェイス氏との試合になり、このままでは負けてしまうと機械を使って……公演者と連絡を取り……彼は観衆に機械が故障してしまい仕方なく公演を延期すると告げた」。

その他にもタークの操作に関していくつか、いろいろ信憑性に問題はあるものの、面白い話がある。あるときメルツェルがドイツの小さな町で展示を行っていると、そのときのオペレーターはムーレだと思われるが、地元の奇術師が自分の芸が無視されたと感じて、オートマトンの公演を中止させようと考えた。彼は箱の中に人が入っていると確信して、タークの公演中に共犯者とともに「火事だ！　火事だ！」と叫んで、観客が驚いて逃げ出すように仕向けた。そうするとオートマトンが激しく揺れ始め、メルツェルがどうにか箱を見えないところまで運んで、オペレーターはやっと逃げ出した。

もう1つのうさんくさい話は、タークがアムステルダムを訪問したときのものだ。メルツェルはオランダの王の前で演じるということで巨額の出演料をもらっていたと思われる。ムーレはメルツェルから長いこと給料をもらっておらず、そのニュースを聞くと急に、病気になったので演じられないと言い出した。メルツェルは未払い分の給与を払わない限りは、ムーレをオートマトンの中に連れ戻すことはできなかった。王は自分の代わりに戦争大臣に指させて横からアドバイスをするという形を取ったが、この種の話ではいつもの事ながら、この2人はお定まり通り負けた。

タークを操作した人の中で、その秘密を漏らしたのはこのムーレだけだろう。フランスのチェス雑誌『パラメッド』に1836年に掲載された記事（1837年にはアメリカの『ナショナル・ガゼット』に再録された）には、後で考えてみるとタークを実際に操作しなくてはわからないような情報が書かれている。『パラメッド』の記事はそれ以前の1834年に『マガジン・ピトレスク』に掲載された記事をもとに書かれている。表面的にはこの記事は、ラクニッツの理論の単なる焼き直しで、駒に磁石が入っているとか、2つのチェス盤を使うということが書かれている。しかし記事はまた、オペレーターが「キャスターつきの棚板」に座っていると書いており、これは実際にタークの中に存在していた横滑りする座席のことを指している。その情報源として最も可能性が高いのはムーレで、この記事が出た頃にはパリに住んでいた。明らかに彼は生活苦に陥り自分の話を売ったと思われ、1839年にチェスの歴史家であるジョージ・ウォーカーが「彼はブランデーで頭がおかしくなり、最近パリで死んだが、極貧で落ちるところまで落ちていた」と記録している。

結局のところムーレの暴露はほとんど影響を与えることなく、メルツェルとオートマトンはアメリカに行って久しく、その記事も1837年になるまで出ておらず、その頃にはタークの人気も下り坂にかかっていた。『ナショナル・ガゼット』に記事が出てもメルツェルは何も反応しなかったが、記事を切り取って残していた。それは彼の死後に遺品の中から発見されている。

サイラス・ウィアー・ミッチェルのタークの秘密に関する詳細な記事やそれに対応するロイド・スミスの手紙があったにもかかわらず、ウィリスやポーの間違った説明がそれ以降のオートマトンの記述に長いこと影響を及ぼすことになった。磁石の入った駒を複雑なパンタグラフで動かすというのはあまりに手が込んでいると考えたその後の作家は、タークのオペレーターが人形の上半身の中に入り込んでガーゼの陰から試合の様子を見ていたという説をいちばんもっともらしいと考えたのだ。しかし本当にケンペレンはそんな複雑な機構を作って、間違うことなく動かすことができたのだろうか？　多くの懐疑論者は疑いの目で見た。

例えば1949年にヘンリー・A・デイヴィッドソンが書いた『チェス小史』の中では、磁石の入った駒などの話はありえないと退け、「ある桝に何かがあったとしても、それを見ていないオペレーターには何の駒があるのかわからない。だからポーの説明はより信じるに足りる。彼によれば、試合の間中、指し手は人形の中に座って、タークの胸部のガーゼを通してチェス盤を見ているというのだ」。しかしこの論議には欠陥がある。確かに磁石の入った駒と金属製の円盤だけでは、動かされた駒の元の位置と動いた先の位置はわかるものの、その種類を直接的に特定することはできない。そこで外にあるチェス盤の上に適当に駒を並べてしまえば、オペレーターには何が起こっているかを決定することはできない。しかしタークが試合をするときにはいつでも、オペレーターは完全試合だろうが終盤戦だろうが、最初の駒の位置を正確に知っており、内部にあるチェス盤の上に再現することができる。そこで駒が動かされたとき、元と移動先の位置さえわかれば、オペレーターは自分用のチェス盤を見ることで、どの駒が動いたか十分な情報を得られる。

1980年に出された『チェス——人間対マシン』というわかりやすく詳細な説明がされた本で、著者のブラッドリー・エワートは、ウィリスとポーの説明が「最も理にかなっている」と宣言している。エワートはミッチェルの本ではタークの扉の開け閉めの順番に間違いがあることも指摘している。彼はまたポーに従い、対戦相手が2つ目のチェス盤を動かした後、タークがまるで手を先読みしたかのように動くことがあるのは、隠れたオペレーターが2つ目のチェス盤を見ているせいだと考えた。エワートは、タークの上半身の中にオペレーターが隠れているという説を唱え、人形が静止している間にもタークの服が動いたのを見たと最初に主張したシックネスさえ引用している。そして最後に彼は、「この1つの秘密のみが解かれずに残されている」と結論づけている。

1978年に出版されたアレックス・G・ベルの『マシンがチェスを指す』には、またもう1つ間違った記述が見られる。それを反証する証拠が山のようにあるにもかかわらず、ベルは「チェスの達人が実際にマシンの中に入っている必要もないし、それが望ましいとも思えない。それより、訓練された少年（もしくは非常に小柄な大人）がオペレーターとなり、舞台か劇場のどこか別の場所に隠れているチェス指しの指示で動く――つまりタークは『読心術』を駆使していると考えるほうが確からしい。最近では、言葉を使わずに情報を伝える術についてはより知られるようになっている。タークのオペレーターが使う最も簡単なコードは、始める、左、右、上、下、止まれといった一連の信号だろう。こうした信号を送るのにはさまざまな方法があり（ポケットに手を突っ込む、姿勢を変える、頭を動かす等）……タークのキャビネットの中に閉じ込められるというのは、どんな人にとっても十分に効果的にチェスを指す（つまり十分に快適な）環境であるとは信じられないが、少年ならば機械の中に入ってもより快適でいられるだろう。残念ながら、本当のところはどうなっているのかはわからないが」と述べる。

本当に磁石の入った駒とパンタグラフを使って動かすことができるのかを実証するには、タークを再度作ってみるという方法がある。そして実際に1971年には、プロの奇術師向け小道具の作り手でオートマトンの収集家でもあるジョン・ゴーガンが、それを実行しようとした。

ゴーガンと彼の助手がロサンゼルスに開いた工房で凝った機械類を組み上げているとこ

ろは、まるでケンペレンやメルツェルが実際にオートマトンを作っているかのように見えた。木工と金属加工用の工具があり、工作台には部品類や一部組み立てが済んだものが所狭しと並べられていた。厚板や金属のシートが立てかけられた壁には過去の奇術師の巨大なポスターが飾られていた。木の枝の上では、自己紹介するオウムが得意げに喋っていた。クラリネット吹きのオートマトンは、そのときは修理中で、端っこに動かないまま立っていたが、その内部には真鍮の鋲を打った木のドラムや一組のジャバラも見え、メルツェルの作ったトランペット吹きのオートマトンに酷似していた。通路を抜けると、ゴーガンの本が並べられた薄暗い書斎に続いていた。壁にはゴーガン自らが作った木製の時計が動いていた。もっと奥まで行くと物置があり、花の咲いたオレンジの木や物を書く人形、空中ブランコ乗り、トランプを操るオートマトンなどが並べられていた。そしてその奥を注意深くまっすぐに見ながら目を凝らすと、見覚えのある人形が見え、それこそがタークを忠実に再現したものだった。

ゴーガンは少年の頃に、奇術の歴史を書いた本の中でタークについて述べられているのが目に留まり、それに興味を持つようになった。1971年に小道具作りの商売を立ち上げたとき、このオートマトンを再現することに決めた。彼はまず木製の箱を作り、その中に入った助手がタークのオペレーターとしていろいろな格好をしてみた。そして内側がで

ジョン・ゴーガンの再現したターク

きると外側に取りかかった。それから18年間にわたって、ゴーガンは何度もそのデザインに手直しを加えてきた。

製作途中にゴーガンは、パンタグラフを動かそうと念入りに作業を進めたが、それは驚いたことに思ったほど困難ではなかった。彼はまた磁石の入った駒と金属製の円盤も作り、駒が動くごとに円盤が30秒間ほどぶらぶら動いているようにした。そうすれば、オペレーターはチェス盤の下をずっと睨んでいなくても、相手の動きを読み違えることがない。ゴーガンはキャビネットの中の仕切り板の動かし方を工夫し、元のタークがそうであったように、目や頭を動かしたり右手で机を叩けたりするようにした。そして１９８９年11月に、ロサンゼルスで開かれた奇術の歴史に関するカンファレンスで、再生されたタークの初演の準備が整った。

新生タークは元のものと同じような方法で公開されたが、少し違う点もあった。ゴーガンもメルツェル同様、ケンペレンの謎の小箱を使うことはしなかった。そしてタークの内部を照らすのにロウソクは使わず、オペレーターは電球を使ったので、タークの内部で立ち上る煙を隠すために外部に置いた燭台は不要になった。そして最後にゴーガンは自分独自の工夫を2つ加えた。彼はタークの後方の上部に傾けた大きな鏡を置いて、観客がチェス盤を見えるようにして試合を追いやすくした。そしてゴーガンは舞台にパソコンを置いて、タークの試合相手としてチェスのプログラムを走らせた。タークはコンピュータと終盤試合を行い、先手を打てば必勝のものを注意深く選び、先手を取ることでコンピュータをすぐに負かした。「すばらしい試合だった」とゴーガンは回想している。

ゴーガンは奇術の歴史の専門家でかつ自分でタークを作った経験から、それがなぜ成功したかについて独自の見解を持っている。複雑なパンタグラフを備えてはいるものの、ゴーガンは、タークは基本的に技術者ではなく奇術師の工夫の事例だと考える。タークの内部の機械が動いていることはその一部であって、ゴーガンは見ている人にどういう影響を与えるかが問題で、奇術師が公演するときに見せる劇的な演出が大切だと主張する。

まず彼が指摘するのは、メルツェルがいくつかの本物のオートマトンを見せるショーの最後にタークを見せていることだ。観客は機械の仕掛けで不可能なことはない、という心理状態になっている。次にタークの公演の最初に、3分の1しかない機械仕掛けの部分を見せること。それは、それなら誰か操作する人が残りの3分の2の部分に隠れているのだろうという疑いを観客に持たせるためなのだ。ところがこうした疑いは、キャビネットの主要部分の扉が開かれて、その中がほとんど空であることが明かされたとたんに、完全に覆されてしまう。観客にある微妙な説明をほのめかしておいてそれを覆す「ミスディレクション」という手法は、人や動物や物をまったく空《から》に見える入れ物に隠すトリックの常套手段なのだ（こうしたトリックは「キャビネットのイリュージョン」と呼ばれ、歴史家はその最初の例がタークであるとしている）。ゴーガンはまた、キャビネットの扉を開けたままにして、タークを車輪で回転させると扉がぱたぱたと動くところが、騙しの中心的な部分だとする。扉が動いたままになっているのは、わざと展示者が無頓着な人で何も隠していないように見せるためで、逆にすべての扉を固く閉じてしまっては、展示者が観客に見せるものと隠すものをすべて操作しているような印象を与えてしまう。それにオリジナルのタークのウィンディシュ版パンフレットの銅版画を見たゴーガンは、背面にある扉の1つはそのままにしておくと半開きになっているような留め方をしてあることに気づいた。それによってオペレーターは、公演中にどうしても必要となる光や新鮮な空気を取り入れることができる。

イリュージョンにおいて大切なもう1つの側面は、オートマトンを巻き上げるときに発生する大きな音だ。ゴーガンは、巻き上げ時にカタカタと響く音が、このオートマトンの主要な鍵を握っていると結論づけた。この音や巻き上げに力がかかることで、観客は試合の前に見せられた機械類がタークの動きや腕を動かすものであると、さらに強く思い込むようになる。

ゴーガンによれば、こうしたちょっとした工夫が、オリジナルのタークがかくも信用され成功した要因だったという。多分、最も大きな発見は、彼が再現したタークを見ていると、それがどうやって動いているかを知っている人でも、純粋に機械仕掛けで動いているという幻想を強く持ってしまうということだった。タークの持つ何かが、騙されたいという、人々の根本的な欲望を喚起するように思える。「興行師はニンジンをぶらさげて、それがどういう意味があるのかと、くどくど説明しないでしょう」とゴーガンは言う。「それが良いんです。それこそが本当の奇術というもの。それこそが良い劇場効果なんです」。

ゴーガンはケンペレンのオートマトンを再現することで、その機構に関するミッチェルの説明が正しく、パンタグラフと磁石の入った駒で実際に動かせることを示した。そうして、オリジナルのタークの特徴に関して残った疑いも消し去った。

タークの公開された初期には、それが完全に機械だけで動いていると信じることは法外な話ではなく、多くの教養ある観察者がそう信じていた。18世紀末という時代は、機械装置によって開かれる可能性は無限に思われ、ある人々にとってチェスを指す機械は、蒸気機関や織機よりほんの少しすごいものにしか思えなかったのだろう。

しかし後年になると、タークが純粋に機械仕掛けで動いているという話の信憑性は薄れていった。鉄道の機関車や電信などの複雑な機械が日常的に使われるようになり、19世紀中盤の人々は機械に何ができて何ができないかについて、より正しく評価できるようになっていたのだ。タークが擬似オートマトンにすぎず、純粋な「自立的に動く機械」でないことが暴露されると、純粋にチェスを指す機械という考えは急に不条理なものになった。話を元に戻すなら、1879年にはチャールズ・ゴッドフリー・ギュンペルというオートマトン製作者が、チェスを指す機械は最初から不可能であり、将来にわたっても不可能だという「証明」をしたという（ギュンペルはタークが消えた後に作られたいくつかのチェスを指す擬似オートマトンの1つであるメフィストという機械を作っている）。

ギュンペルの組はチェス盤における駒の配置の組み合わせは、10の32乗（10万の10億倍の10億倍の10億倍）という数になると推測している。彼はジャカード織りで用いられるパンチカードを使って、それぞれの動きをする機械を作ろうと夢想する。どの動きが正しいかを決める時間や機械の内部構造を無視しても、考えられる駒の位置に対応した穴を1つずつ開けていくのにどれだけ時間がかかるかを、ギュンペルは考察した。工員が1つの穴を開けるのに3秒かかったとして、1日10時間働いて、1年300日間の仕事を50年間続けたとして、一生のうちに1億8000万個の穴しか開けられない。そこでこの機械のためには、50万の10億倍の10億倍の人が一生の間ずっと穴あけ仕事をしなくてはならず、こういう機械は、要するにまったく実用的なものにはならない。

19世紀のサイエンス・ライターのリチャード・プロクターは、もしパンチカードに穴を開けられたとしても、これらを並べるには1851年のロンドン万博で会場となったクリスタルパレスの広さの100万倍の敷地が要ると試算した。ケンペレンは彼のオートマトンを数カ月で完成させたわけで、プロクターは現実的には「オートマトンによる本当のプレイヤーを作るのに必要な」準備はできなかったと結論づけた。

この論議に間違いはなさそうだし、チェスを指す機械など決して作れないことは明白に思える。しかし20世紀に起きた出来事は、その論議が完全に間違っていることを証明した。

第12章 ターク対ディープ・ブルー

ディスカヴァード・チェック：相手のキングを攻める駒は動かさず、キングとの間にある自分の別の駒をじゃまにならないように動かすことで、クイーンやルークやビショップがかけるチェック。もし動かした駒がチェックをしていると、ダブル・チェックになる。

十分に進歩したテクノロジーはどれも魔法と区別がつかなくなる。

——アーサー・C・クラーク

チェスを指す機械は絶対にできないという19世紀が確信を持ってした予言は、もちろんデジタル方式のコンピュータの発明によって反証されることになった。コンピュータは明らかに、現代におけるオートマトンの子孫で、彼らは事前に与えられた一連の命令をただひたすら実行するという意味での「自立したマシン」なのだが、コンピュータが動かすのは物理的なものではなく情報だ。それにまた、コンピュータは祖先のオートマトンと同じく、科学、ビジネス、エンターテインメントをまたいだ領域で活躍している。そしてそれらは、それ自体による産業革命を人間の（物理的なものではなく）精神的な能力を拡張することで起こしている。

興味深いことに、最初の純粋な人間対機械のチェス試合には、現代的な意味でのコンピュータは関与していない。その試合は、1952年に英国のマンチェスターにある、王立協会計算研究所の1階で開催された。その部屋は椅子が少しと、書類の散らかった小さな机があるだけでがらんとしていた。人間側の指し手はアリック・グレニーという26歳のコンピュータ研究者で、英国政府の極秘原爆計画のためにコンピュータを使おうと研究していた。コンピュータの側には、英国の数学者でコンピュータ科学者でもあるアラン・チューリングがいた。

チューリングは1937年にコンピュータ科学の金字塔とも言うべき「計算可能な数について」という論文を発表しており、この中である種の数学的な問題はどんなに複雑で高性能の機械を使っても解けないことを証明していた。チューリングは計算機械の理論的な限界について興味を抱いていたが、当時はまだ電子式のコンピュータは存在していなかった（当時の「コンピュータ」という言葉は、高速に正確な計算ができる数学者を指していた）。チューリングはチャールズ・バベッジの古い業績にも通じており、バベッジと同様、チェスを指す機械のプログラミングに特に興味を持っていた。チェスを知能機械を開発する第一歩と捉え、人間と機械の知能を比較する手段と考えたコンピュータ科学者は彼だけではなかった。

アメリカでは、コンピュータ科学者のジョン・フォン・ノイマンとオスカー・モルゲンシュテルンがコンピュータにチェスを指させるプログラムの可能性を検討しており、1950年にはもう1人のアメリカのコンピュータの先駆者クロード・シャノンが「チェスを指す機械」という論文を発表し、こうした装置を作ることを提唱している。「チェスを指すという問題を提示したのは、もっと実用的な応用分野に使える技術を開発するためだ」とシャノンは書いている。「まずチェスを指す機械から始めるのは、いくつかの理由から理想的である。この問題は、許された操作法と最終目的についてはっきりと定義がなされている。それは自明な問題というほど単純ではなく、満足のいく解決法を得るのに難しすぎるということもない。そしてこうしたことのできる機械は人間の対戦相手と勝負ができ、この種の推論能力をはっきりと測定することができる」。

第二次世界大戦の間に、チューリングがコンピュータでチェスを指したがっている話は、彼が働いていたブレッチレイ・パークの暗号解読を行う同僚の間では周知の事実になって

アラン・チューリング

いた。そこは英国式のカントリー・ハウスで、人の知恵と特別であるものの原始的なコンピュータの助けを借りてナチの暗号を破ろうとしていた。チューリングの仲間の1人は、「われわれの論議の中には機械による知能、特に自動的にチェスを指すものについての話題があった。この話題の最も面白い点は、機械が人間の思考過程をどれだけ真似できるかということにあると、皆の意見は一致していた」と書いている。1946年に新聞に掲載された汎用コンピュータの記事の中で、チューリングはそうした機械がついにはチェスを指せるかもしれないという可能性を指摘している。

チューリングは実際にそれを動かすコンピュータを持ってはいなかったものの、1940年代には簡単なチェスを指すプログラムを書き始めている。すべてのコンピュータ・プログラムがそうであるように、それは特定の順序でこなされるべき厳密なルールの集合から構成されており、あるチェスの配置に対してどう動くかを決定することができた。こうしたルールは6枚ほどの紙に書き記されていた。1952年にプログラムが完成したので、チューリングはそれがどういう動きをするのか試してみたくなった。ある日の昼食時に、彼は同僚のグレニーに、彼の「紙上マシン」とチェスを指してみないかと持ちかけた。チューリングがコンピュータの役割を演じることにし、各動きに対してプログラムによって決められた手を実行する。グレニーが同意したので、その午後に2人はチューリングのオフィスにこもって、チェス盤を出し、今日では歴史的と考えられる試合を行った。

ある意味、グレニーは以前にタークが相手にしてきた多くの対戦相手と同じように、チェスを指せる機械のふりをしている人間に対して試合を挑んでいたのだ。しかし、タークの動きと明らかに違うのは、チューリングにはどういう動きをするかの選択はできなかったことだ。その代わりに、チューリングは相手の動きに対して、自分のチェスを指すプログラムのステップを苦労して追いながら、自分の指し手を決めていった。このプログラムは非常に簡単なものであり、弱かった。「試合の間中、チューリングは自分の作ったルールを使いながら、明らかに彼が最良と思っていない動きを実行してしまうという困難にぶちあたっていた」とグレニーは回想している。「彼はルールに従うのを何度か間違えた。

後で検証すれば間違っているとわかるルールだった。彼は自分のルールが決める動きに通じていると思いがちで、それで（指す前に）一の足を踏んでしまい、そこでその部分のルールが書いてある紙を探し出そうと、自分の書類をひっかき回し始めるのだった。これではこの小さな机では無理だった」。

グレニーのチェスは弱かったが、3時間経って29手指したところで、チューリングの紙のコンピュータを破った。チューリングはそれに驚いた様子もなく、「ターボチャンプ」というちょっと大げさな名前をつけたプログラムが、皮肉にも自分の嘆かわしい指し方そっくりな負け方をしたのを認めているようだった。チューリングはまた空いた時間に、実際のコンピュータ（マンチェスターにあるMADMという名のマシン）で動くチェスのプログラムを書き始めたが、それも大差のないものだった。彼は1954年6月7日に毒を摂取して死んだが、彼の死が事故だったのか自殺だったのかはいまだにわかっていない。

チューリングはチェスのプログラムを走らすには至らなかったが、コンピュータによるチェスや、その後に「人工知能」として知られるようになった分野の創始者の1人となった。彼はまた今日では、コンピュータが知能を持つかどうかを決める「チューリング・テスト」という簡単なテストを発案したことでも知られている。それはタイプライターを介して会話している人が、相手が機械か人か区別できなければ、そのコンピュータは知能を持った「考える機械」としてのテストに受かったとするものだ。彼は1950年に出版された論文で、彼が思うところの一種の仮の質疑応答を紹介しながら、機械による知能の基準となる「模倣《イミテーション》ゲーム」を提案している。それにはチェスの問題も含まれ、知能とチェスを指すことと会話を続けられることとが非常に深い関係にあるとチューリングが信じていたことをうかがわせる。

Q：私のためにフォース鉄道橋についてソネットを書いてください。
A：これについてはお答えできません。私はいままで詩を書いたことがないので。
Q：34957足す70764は？
A：(約30秒間があってから答え) 105621です。
Q：チェスは指しますか？
A：はい。
Q：私にはキングだけがあり、K1の位置にいます。あなたはキングがK6の位置にあり、ルークがR1の位置にあります。今度があなたの番だとすると、どう指しますか？
A：(15秒間があって) ルークをR8に動かして王手です。

チューリングはこうした、相手が人間か機械かわからないような会話をこなせるコンピュータのプログラムはどんなものでも、考えていると見なすことができるという提案をしている。「私は約50年の間には、平均的質問者が5分間の会話で、相手が人間なのかどうか、70%以上は正しく判断できない模倣ゲームをできるようにコンピュータをプログラムできると信じている」と彼は宣言した。つまりチューリングは機械による知能に関して、チェスを指せることと会話ができるという2つの基準を提案していたのだ。

最初に人間とコンピュータがチェスの対戦を行うのは、数年経った1958年のことだ。そのプログラムはアメリカの研究者アレックス・バーンスタインが書いたもので、IBM704というコンピュータで実行された。それは指し手の前に、3000手の指し方をチェックし、それには約8分かかった。それにもかかわらず、そのプログラムは弱かった。しかしコンピュータが高速化し、コンピュータを使ったチェスの理論が進化していくと、チェスを指すプログラムの能力は急激に上がっていった。人工知能研究の先駆者の1人ハーバート・サイモンは1950年代の終わりに、10年以内にコンピュータがチェスの世界チャンピオンになると予想した。

1960年代には人工知能研究の見通しは明るいものだった。その究極の目標は1968年のスタンリー・キューブリック監督作品『2001年宇宙の旅』に出てくるHAL9000という知能を持ったコンピュータに最も端的に要約されているだろう。この映画でHALは宇宙船ディスカヴァリー号の頭脳であり、宇宙船の乗務員と催眠術にかけるような優しい声で会話する。この映画の脚本に基づく小説を書いたアーサー・C・クラークによれば、HALは「いともたやすくチューリング・テストに合格する」ものだった。言葉を喋るコンピュータやロボットは長年SFの定番で、HALの知能を強調するために、HALとディスカヴァリー号の乗務員がチェスを指す場面が出てくるが、そこではもちろんHALが簡単に勝利する。映画のその後の場面でHALは、彼の知能の一般性を示すように唇の動きを読むことを学習している（HALはその後に故障してディスカヴァリー号の乗務員を殺そうとするが、それはその任務の本当の目的を嘘を言って隠すことを強要されたことに気づき、嘘を言うことによる論理的な矛盾を解消するための最も簡単な方法は宇宙飛行士を殺すことだと考えたからだ）。キューブリックとクラークは、『2001年宇宙の旅』で描かれる未来をできるだけ正確で信じられるものにしようと長い時間をかけた。その映画が公開された1968年には、宇宙ホテルや月面の恒久基地、人工知能コンピュータが30年以内に実現しそうな雰囲気だった。それらの知的なコンピュータはチューリング・テストに合格し、その知能をチェスを含む幅広い分析的な問題にも応用できそうだった。会話をしてチェスを指すことは、つまり人工知能の基本的な能力を表すものだったのだ。

しかし物事は『2001年宇宙の旅』が予言したようには運ばなかった。宇宙ホテルや月面基地はまだ実現しておらず、人工知能も1960年代の期待に応えるような形では存続していない。その問題の本質は、コンピュータが個別の領域で問題を解決することには進歩があり、現在ではチェスも指せるし、飛行機も操縦できるし、顔の認識もできるし、連続して音声を発生もできるのだが、それらを統合して機械による知性についての一般理論をつくり上げることがほとんどできていないということだ。コンピュータがある個別の問題を解決すれば、それによってより一般的な応用技術が生まれる、というシャノンの楽観論は証明されていない。HALのようないろいろな能力を持ったコンピュータがない代わりに、個別の仕事をこなすときに人間の能力をある程度は真似ることができるのだが、それ以外のことはどうしていいか見当もつかないという状況だ（コンピュータ科学者のアナトール・ホルトが言うように「部屋が煙で満たされ火事で焼け落ちる最中にチェスでいい手を打つのは知能とは言えない」ということだ）。

チェスは人工知能のある分野で非常に研究が進んだ分野であることは論議の余地もないが、1970年代にチェスの世界チャンピオンが生まれるというサイモンの予測はちょっと楽観的すぎた。最初の非常にすばらしいチェスのプログラムは、1973年にデイヴィッド・スレートとラリー・アトキンが書いたチェス4・0だ。コンピュータの速度があがるに従ってその能力は向上し、1979年にはチェスの世界で言われる「エキスパート」のレベルにまで達した。1983年にはAT&Tのベル研究所で研究者がベル（Belle）というコンピュータを作ったが、これにはチェスの位置を解析するための特別なチップが使われており、「マスター」のレベルにまで達していた。この方式がついには、人間の世界チャンピオンに挑戦できる、これまで作られた最も強力なチェスを指すコンピュータ、ディープ・ブルーへとつながっていく。

ジョン・ゴーガンが1989年10月にロサンゼルスで再現されたタークの最終調整を行っていた頃、まったく違う原理で作られたチェスを指す機械が動き出そうとしていた。それはディープ・ブルーの前身にあたるディープ・ソートで、その前年にカーネギー・メロン大学のマレイ・キャンベルやフェン＝シュン・スーらの研究者のチームが作ったものだった。特別に作られたチェス処理用のチップは毎秒70万手を解析することができ、ディープ・ソートはすぐにコンピュータ・チェスの世界チャンピオンになった。そこでついに、人間とコンピュータ…ソ連出身の26歳のチェス世界チャンピオンであるガルリ・カスパロフと会い、人間とコンピュータの最高峰のチェスプレイヤーの世界初の対戦が行われることになった。

その試合は10月22日にニューヨークのアカデミー・オブ・ファインアーツで、2回の90分「サドンデス」方式で行われた。カスパロフは以前から、コンピュータはチェスの世界チャンピオンを絶対に負かすことはできないという主張を繰り返し公言しており、ディープ・ソートと対戦して負かして評判以上の実力を示そうと考えた。「人類を守るために挑戦しなくてはならないのは当然のことだ」と彼は記者に語っている。実際に彼は最初の対戦で難なく勝ち、2回目も確実にコンピュータを打ち負かした。この試合はメディアに広く取り上げられ、カスパロフは、人類の名誉を守った英雄として名を刻まれることになった。この人間対機械の対戦という性格を強調することで、全人類を代表するカスパロフはアメリカとソ連の冷戦構造をうまく超えてみせた。

ディープ・ソートのチームはその後6年間かけて、再挑戦に備えた。キャンベルとスーはニューヨーク州北部にあるIBMのトーマス・J・ワトソン研究所に移籍し、そこでマシンをもっとはるかに強力なものに設計し直した。ディープ・ソートは1台のコンピュータにひとつかみのチェス用のチップを付加したものだったが、後継機となるディープ・ブルーには、IBM SP - 2というスーパーコンピュータが32個つながれて1つのプロセッサーとして働くようになっていた。各SP - 2には最大8個の改良されたチェス用チップを収容することができ、全体で220個のチェス用チップが入ることになった。そのおかげで、ディープ・ブルーは毎秒1億手を評価できるようになった。

当時まだ世界チャンピオンだったカスパロフとの対戦は、1996年2月にフィラデルフィアで行われた。それは6試合のマッチで行うことになっており、50万ドルの賞金がかけられていた。驚いたことに、カスパロフは最初の試合で躓き、ついには歴史的敗退を喫することとなり、コンピュータがチェスの世界チャンピオンを初めて正式試合で破る結果となった。しかし彼は残る5試合で盛り返し、3試合で勝ち2試合で引き分け、試合が進むにつれて優勢になっていった。再び人間がマシンを破ることとなった。IBMとしては賞金額を上げてディープ・ブルーの開発費も増額した上で、どうにかして勝たなくてはならないと考えた。同社はこの試合をメディアが報じることで、自社製品に対する2億5000万ドル相当の「タダの好意的な広告」ができたと評価し、すぐに再試合を提案したところ、カスパロフもすぐに応じた。

再試合は1997年5月にニューヨークのマンハッタンのダウンタウンにある、エキタブル・センターの35階で行われた。このビル内の講堂では、有線テレビで中継された試合を人々が（各試合25ドルを払って）観戦したが、6試合中5試合の券が完売した。賞金総額は110万ドルにまで上がり、勝者には70万ドルが渡されることになっていた。1996

年の試合以来、カスパロフの他の人々との試合の成績はその経歴の中でも最高で、彼の評判は非常に良かった。ディープ・ブルーの小型版のジュニアは、全米を何カ月も回っては熱狂する観客の前で公開試合をこなしていた。そうやってディープ・ブルー自体は相当強化されていたのだ。いまでは32のSP－2スーパーコンピュータに全体で512個のチェス用チップが装備され、たびたび「ディーパー・ブルー」と呼ばれ、前年と比べて2倍の速度になっていた。つまり毎秒2億の手を評価できたのだ。

また今回もメディアは大きく報じ、多くはカスパロフが人間の尊厳を守ってくれるという論調だった。『ニューズウィーク』の表紙には「頭脳の最後の抵抗」と書かれていた。いくつかの記事は、もしディープ・ブルーが勝つようなことになれば、コペルニクスが地球はもう宇宙の中心ではないと唱えた説や、チャールズ・ダーウィンが人間はサルの子孫であると唱えた進化論を受け入れたように、人間の自己像は劇的な変化を遂げるだろうと示唆していた。

最初の試合に白の先手で臨んだカスパロフは自信に満ちており、次第に優位に立っていった。ところが突然、ディープ・ブルーは予想外の攻撃を放ち、観客を面食らわせた。しかしカスパロフは落ち着いていた。試合の終盤では彼の軍勢は劣っていたものの、いい位置を確保しており、ついには勝利した。その後に勝ち誇ったカスパロフは観客からの質問に答えたが、ディープ・ブルーのチームは明らかに気落ちしていた。カスパロフが相手の力量を見極め、劇的な勝利に向かっていると見えたのだ。

次の試合ではカスパロフはさらに守備を強化し、密で閉鎖的な守りを展開したが、一般的にコンピュータはこういう手を解析するのは得意ではなかった。しかしその戦力は期待に反した結果になった。カスパロフは重大なミスを犯してはいなかったが、彼の指し方はあまりに受身で、明らかにコンピュータに巧妙に裏をかかれるようになったとたん、彼は試合を放棄した。彼は突然、試合に勝てるかどうかがわからなくなったのだ。メディアの報道は過熱し、IBMの株価は4ドル以上跳ね上がった。その後の分析によって、カスパロフは強引に引き分けに持ち込める状態で試合を放棄したことがわかった。

カスパロフは後日、2回目の試合で負けたことを「わたしの記憶に傷を残し、その後の試合で通常の集中力を維持できなくなった」と書いている。3回目の試合は完全に拮抗する形で進み、引き分けで終わった。最初の試合のときのように、彼は講堂の観客のところに行って質問に応じた。しかし彼は3回目の試合のことではなく、2回目に取ったディープ・ブルーの手について長々と話した。そこで指されたある巧妙な動きは人間でなくてはできない、と彼は結論づけた。カスパロフはコンピュータのチェスの動きは「読める」と自負していたが、問題の動きは最高の人間の指し手にしかできず、ただの機械には無理だと主張した。それはある意味、ディープ・ブルーのチームに対する称賛であり、カスパロフはコンピュータが人間と区別できない動きをしたことを認めたわけで、この1つの動きだけ取れば、チェスにおけるチューリング・テストに合格したということだ。しかしカスパロフはディープ・ブルーがズルをしており、その動きは実際は人間の専門の「訓練師」が提案したものだとほのめかしているようだった。ディープ・ブルーのチームはこの点については真っ向から否定している。

4回目の試合も引き分けに終わった。表面的にスコアは引き分け状態なのだが、カスパロフは消耗して打ち負かされているように見えた。2日間空けた5回目の試合では、いつもの熱意に欠け、また引き分けに終わった。そこですべては6回目にして最後の試合に持ち越されることになった。黒を取ったカスパロフは標準的なオープニングを行った。しかし第7手目で、初歩的なミスを犯して2つの動きを入れ替えてしまい、彼の守備の順番が狂ってしまった。それにショックを受けたのか、彼は失敗し続け、1時間もしないうちに負けてしまった。ディープ・ブルーが試合に勝ったのだ。チェスの世界チャンピオンが標準的なマッチ方式の試合で初めてコンピュータに負けたのだ。

その後に開かれた記者会見でも、カスパロフは2回目の試合の疑惑を盾に自己弁護を続け、ディープ・ブルーの推論過程を確認するためにそれを全部印刷してよこすよう主張した。ＩＢＭはその要求は拒否した。敗戦後に『タイム』に書いた記事の中で、カスパロフはさらに試合を続けることを呼びかけた。「ＩＢＭは私にも全人類にも再試合をするという借りがある」と彼は宣言し、「私はここにＩＢＭと1日おきに20日間かけて、10試合行うことを申し込む。事前にディープ・ブルーが私の代理人立ち会いのもとで中立的な人間や他のコンピュータと対戦した10試合の記録を参照したい」と続けた。

１９９９年にオレゴン州で開かれたコンピュータ会議で、カスパロフは「ＩＢＭには試合経過の印刷物をチェスの世界に示す義務と、まだ道徳的な恩義があるはずだ」と不満をぶちまけた。スポーツにおける世界記録では薬物試験が行われ、科学者は適切なデータを用意して反論に備えると彼は指摘した。彼によれば、ＩＢＭはスポーツマンとしても科学的にもフェアな行いをしていない。それ以上に彼が言うには、「ＩＢＭはそれが本当に機械なのかを証明するデータを示すことなく、大学や科学関係の研究機関から賞を受け取っている」とのことだった。タークの対戦相手の多くと同じく、カスパロフもそれが本当の機械ではなく、隠れた人間のオペレーターによって操られたチェスを指す機械ではないかと疑っていたのだ。

ＩＢＭは不正な試合という疑惑をいつも否定したが、再度試合を行うことには同意しなかった。その理由は簡単だ。会社はカスパロフを負かすことでコンピュータが５億ドル分相当の広告効果を得たと推定しており、株価も最高値を記録したので、高いうちに止めるのが得策だと判断したのだ。またタークの行く末とも似た話だが、IBMはその後このマシンを解体してしまい、トーマス・J・ワトソン研究所には特別に許可された訪問者がたまにチェスを指せるよう小型ヴァージョンを置いておいた。

世界で最も強いチェスの指し手を破るというケンペレンの夢は、ついにかなうこととなった。それは奇術ではなくコンピュータに託すことで実現した。しかしディープ・ブルーの勝利は、本当に機械が人間に勝ったということになるのだろうか？　そうとは言い切れない。ちょうどタークがいつも物書きたちに検査されながら秘密を暴かれようとしていたように、ディープ・ブルーもまた詳細な分析を受け批判されてきた。フィリップ・シックネスが執拗に痛烈な批判をしたように、アメリカの哲学者ジョン・サールは、『ニューヨーク・レヴュー・オブ・ブックス』で、ディープ・ブルーが本当に知的であると見なす考え方に反駁《はんばく》するエッセイを書いている。サールはその中で、ディープ・ブルーはその膨大な計算能力に加えて、人間の専門家が組み込んだ何千ものルール、もしくは「戦術的重みつけ」を備えていることを指摘している。「本当の戦いはカスパロフと機械の間ではなく、カスパロフと、技術者とプログラマーのチームとの間で行われたのだ」と彼は結論づける。

ディープ・ブルーもタークのようにイリュージョンを使って、考える機械のように見せているが、実質的には人間の専門家がその中にいるのと同じなのだ。

しかしディープ・ブルーはタークのようなまやかしは使っていない。それを作った技術者は、そのイリュージョンがどのように働いているのかを公開しているし、彼らの作ったものに知能があるなどとは主張していない。「私はどっちみちディープ・ブルーに知能があるとは考えていない」とその創造者の1人マレイ・キャンベルは言っている。「それはある特別な領域で問題を解く優れた道具だ。もしディープ・ブルーが自己学習する能力を持っていて、試合をすることから学んでいければいいのだが、しかしそれは1ステップずつ非常な苦労をしながらプログラムされていただけだ」。そしてディープ・ブルーの能力は、その膨大なルールのデータベースに加えて、力ずくの計算能力に依存したものであり、人間の専門家が行っているようなチェスの動きを本能的に読み解く能力は持っていない。コンピュータの処理能力がもっと向上すれば、もっと多くのチェスの動きやルールを考慮することができる。ディープ・ブルーの例で言うなら、カスパロフがいみじくも指摘したように「量が質に転化する」のだ。

コンピュータの処理能力はいやおうなしに向上していくが、人工知能の専門家が最初にチェスを指す機械を構想して以降、汎用の知能マシンというものは出現していない。ディープ・ブルーはチェスを指すコンピュータだが人間が一般的に知的と思うことはできず、1950年代に考えられていたものとは違う。では、チューリングがもう1つの尺度とした会話の能力はどうだろうか?

現在では、チューリング・テストに一定の時間であれば合格するようなプログラムがいくつかある。こうした会話能力のあるプログラムはインターネットのチャット・ルームでテストされ、疑いを抱いていない利用者の何人かは、人間でなくマシンと会話していることに気づかなかった。もちろん匿名のインターネットのチャット・ルームは純粋なチューリング・テストとは別物であり、その中で人間の参加者ができることといったら、「最近の休みはどこに行った?」などと機械に聞くことぐらいしかできない。もっと厳密なテストは、1990年にニューヨークの慈善家ヒュー・ローブナーが始めた毎年のコンテストだ。ローブナーは最初にきちんと人間だと信じられるプログラムを作った人に、10万ドルの賞金を用意するとした。毎年10本ほどのプログラムと何人かのダミーの役をする人間が、哲学者や言語学者、心理学者などを含む専門家の審査員団から質問を受ける。インターネットのチャット・ルームでちょっとした話を交わすのは得意なプログラムも、こうした厳密な環境ではうまくはいかない。これまで賞を獲得した者はいないが、年々、最もうまくやれるプログラムの成功率は上がっている。1998年と1999年のコンテストでの優勝者アルバート・ワンは、アメリカのプログラマーであるロビー・ガーナーが作ったものだ。ジム・ルイスという人間のフリをするアルバートの典型的な会話は以下のようなものだ。

審査員：やあジム。私の名前はルイーズです。どこにお住まいですか？
アルバート：あなたはルイーズでしたよね。今日ここにくるまでがたいへんでした。
審査員：ジム、お住まいは？
アルバート：私ジムがどこに住んでるなんて、どうでもいいじゃないですか。
審査員：どうやって今日はここまで来たんですか？
アルバート：誰かに言われてです。
審査員：お仕事はどこでしているんですか？
アルバート：バーで働いてます。
審査員：どの町で？
アルバート：ジョージアの出なんですよ。
審査員：お休みにはどこに行きたいですか？
アルバート：ときどきクローガー（店名）に行ってます。

審査員：今日の天気はどうですか？
アルバート：いつもどおりいい感じです。
審査員：今日はどんな感じですか？
アルバート：私はフェーザーが好きです。
審査員：子どもさんはいますか？
アルバート：少なくとも何かのレプリカの模造品は持っていることは確かですね。
審査員：妹か弟はいますか？
アルバート：いいえ、私はただの子どもです。

純粋なチューリング・テストの環境では、今日の最高のプログラムでも5分間の会話で15％の時間しか相手を騙せず、つまり85％の時間は相手が非人間であると正しく判断できる。つまり、チューリングが予想した、この割合が２０００年までに70％まで下がるという数字は達成されていない。その上、ＨＡＬのように広い範囲の仕事をこなせる知能を持つわけではなく、ディープ・ブルー同様、非常に特化した形でしかプログラムされていないので、会話を司るプログラムはそれ以外の何もこなすことはできない（多くの場合、テストの際に対応した人間がコンピュータと間違われたことは、指摘しておいたほうがいいだろう）。

将来のもっと強力なコンピュータは、純粋な機械知能を持つ可能性はあるのだろうか？ある研究者はチェスなどに必要な知性は、質ではなくて量であり、それに必要な処理能力さえ確保できればいいと考える。１９６０年代にはこれは「２０００年まで待つ」論議と称され、汎用の知能機械の進展がないのは、十分に速いハードウェアがないためだとされた。この見方はいまでも研究者の間で根強く、アメリカのソフトウェア業界のカリスマ、レイモンド・カーツワイルは、超有能マシンがもうすぐできると信じている。１９９９年に書いた『スピリチュアル・マシーン』（田中三彦・田中茂彦訳、翔泳社）の中で、彼は現在の状況が続けば、２０２０年には１０００ドルのコンピュータが、人間の脳と同じ処理能力、つまり毎秒2京回の演算能力を持つようになると予想する。そしてカーツワイルは２０３０年には、このハードウェアを人間の脳の柔軟性と知性に匹敵させるソフトウェアが開発され、人々は自分自身をこのコンピュータにアップロードして不死になるはずだという。それと似た予測は、カーネギー・メロン大学のハンス・モラヴェックもしている。しかしカーツワイルとモラヴェックの、数量的に（毎秒の演算回数による）知能機械が不可避的に実現するという論議は、チェスを指す機械は（チェスで可能な位置の総数をもとにして）実現しないとする19世紀の間違った論議を髣髴とさせる。知性的なマシンを実現するには、確かにただ単純に速いコンピュータを作ればいいというものでもない。

そうとはいえ、個別の特別なシステム、例えば音声制御コンピュータなどは、ディープ・ブルーがチェスの手を理解していると思える程度のレベルでは実現できるだろう。タークの例にもあるように、こうした機械の利用者は相手が人間なのかコンピュータなのかはわからなくなるだろう。哲学的な観点からは、こうした機械はトリックに頼っており、本当の意味で知的とは言えないだろう。しかしチューリングの理論の実用的な観点から言えば、知能のイリュージョンも実際のものと同じ価値がある。そこでチューリング・テストは、機械による知能の尺度として相変わらず持ちこたえている。驚くべきことに、これこそヴォルフガング・フォン・ケンペレンが予想していたであろうことなのだ。

1770年の春、ケンペレンがウィーンの宮廷で初めてタークのお披露目を行ったとき、その主要な部分から3つの物を取り出した。赤いクッションはオートマトンの左腕の下に敷かれ、木の箱は彼が公演の最中に覗き込み、金色の文字が書かれた板は机の近くに置かれた。タークのチェスの能力が披露された後に、ケンペレンはその板を取り上げてタークのチェス盤の上に置いた。それから彼は観客にオートマトンに対して質問をさせた。オートマトンは左手でその板に書かれた文字を1つずつ指して、答えの言葉を綴った。それは人間の仕業か機械の仕業なのか？　観客はあっけに取られた。つまりタークは、チューリング・テストに合格していたのだ。

こうした質疑応答は、「ナイトのツアー」のように、タークの実演においてはおまけのようなものだったが、メルツェルはこれがイリュージョンを弱めると考えて中止した。観客が機械のチェスプレイヤーについては信じる気になっていても、機械が言葉を理解して答えを自ら綴るというのはどう考えても不可能だったからだ。現在の観察者からすると、タークが質問に答えるというのは、それが人間に操られているとばらしてしまうようなものだが、当時でも、タークがパリではフランス語、ライプチッヒではドイツ語で答えていたことに疑いを持つ声があった。ということはつまり、多くの観察者はタークが純粋にチェスを指す機械だと信じていたが、タークにされた話し言葉の質問に人間のオペレーターが答えることは、まったく別の奇術だと考えていたことになる。

ともかく、1769年にケンペレンがチェスを指し会話を行うという奇術を行ったことは、その2つの行いが知能を最も代表するものだったということだ。約200年経った、20世紀のコンピュータ科学者もこれとまったく同じ結論に至った。皮肉なことにチューリング・テストは、機械が人間のように動こうとし、人々が機械のように動くという、隠蔽と騙しに依存している。ケンペレンが見たら、彼が機械仕掛けのタークを披露してから何もほとんど変わっていないことに、ある意味驚くに違いない。彼はオートマトンをただの興行用と考え、他のもっと真面目な自分の業績と同列に扱おうとはしなかった。しかしケンペレンの先駆的な洞察を、技術とトリック、知性とイリュージョンの奇妙な関係に当てはめるなら、タークこそは彼の最大にして最も先見性のある創造物だったと言える。最後に笑ったのは、結局この狡猾《こうかつ》なオートマトンだったのだ。

謝辞

「ターク・マフィア」とでも言うべき、世界中でタークに熱心な学者やチェスの愛好者、コンピュータ科学者、奇術の歴史家などによるグループがあるようだ。その中の多くの人が有用な援助をしてくれた。特にウィーンのアリス・レイニンガー、ブダペストのヴィクトリア・シュルクは記録保管庫への出入りを許してくれ、ドイツやハンガリーの他では見られない資料を手に取ることができた。ケン・ウィルドは必要不可欠な文献リストを提供してくれ、ビル・キューセは最初に私をターク・マフィアにつないでくれ、ジェラルド・レヴィットの本はこの話題に関心のある人にとって基本的な情報源であり感謝したい。また、ジョン・ゴーガンは親切にも私をロサンゼルスに招いて復元したタークを見せてくれたばかりか、彼が自分のオートマトンを作ることで得たケンペレンのオートマトン作りに関する洞察を共有してくれた。特別の感謝を捧げたい。また当然のことながら、レオナルド・バーデン、サイモン・シャッファー（彼にはまだビール3パイント分の借りがある）、オリヴァー・モートン、サリー・フォーブス、オーウェン・ウィリアムズ、ヴェンデリン・フォン・ブレドウ、デメトリオ・カラスコにも感謝したいし、チェスターは「知的火星人」としてこの本を書く間によく聴いたキース・ジャレットの音楽を提供してくれた。またカティンカ・マトソン、ジョージ・ギブソン、ジャッキー・ジョンソン、キャッシー・デンデュレント、ステファン・マグラス、マリア・イオシフェスク、ヴァージニア・ベンツ、ジョン・アンダラー、アン・エビ、スー・ダハティ、タムシン・マレー＝リーチ、リー・マッキー、トムとキャスリン・ムールトゥリーにも感謝する。最後に、妻のカースティンにはすべてを本当に世話になったと感謝したい。

原　注

第1章　クイーンズ・ギャンビット拝命《アクセプテッド》

18世紀のオートマトンの記述は、「オートマトンの役割」（Bedini, "The Role of Automata"）、『オートマトン』（Chapuis and Droz, *Automata*）、『バベッジのダンサー』（Schaffer, *Babbage's Dancer*）、『ロンドンのショー』（Altick, *The Shows of London*. 偽のハープシコード・プレイヤーの話）より。ヴォーカンソンの生涯の詳細については、『ジャック・ヴォーカンソン』（Doyon and Liaigre, *Jacques Vaucanson*）、「オートマトン」（Strauss, "Automata"）より。マリア・テレジアの魔術に関する引用は、『マリア・テレジア』（Morris, *Maria-Teresa*）より。ケンペレンの生涯の詳細、彼の試みや仕事場の記述は『無生物の理性』（Windisch, *Inanimate Reason*）、「ケンペレン」（Würzbach, "Kempelen"）、またアリス・レイニンガーとヴィクトリア・シュルクには私信を介してドイツやハンガリーの情報についても教えてもらった。ケンペレンは多くの文献で男爵として紹介されているが、それは誤りだ。彼は名字の前にドイツの von（フランス語の de にあたる）という言葉をつけることを許された位の高くない貴族に過ぎない。ケンペレンをナイト（ドイツ語の Ritter）と呼ぶ向きもあるが、彼がナイトに叙せられた証拠はない。1791年の彼が死ぬ少し前に書かれた本の口絵では、彼を男爵ともナイトとも言っていないことは注目すべきだろう。ケンペレンの名前はときどきハンガリー語でオオカミを表す Farkas と書かれるが、出生証明書には Wolfgang と書かれている。

第2章　タークのオープニング

タークの外見や動きについての記述は、『無生物の理性』、『チェスプレイヤーについて』(Racknitz, *Uber den Schachspieler*) から。タークの「ナイト・ツアー」の動きは『ターク』(Levitt, *The Turk*) に出ており、元の動きはフィラデルフィアのライブラリー・カンパニーで最後に見られたが失われたようだ。『メルキュール・ド・フランス』(*Le Mercure de France*) へ宛てたデュトンの手紙は、「オートマトンの手紙」(Dutens, "Lettres sur un automate") より。随時『ジェントルマンズ・マガジン』(*Gentleman's Magazine*) から英訳を引用した。ケンペレンがタークを解体する決定をした話は、『無生物の理性』より。ロバート・マレー・キース (Robert Murray Keith) 卿の話は彼の

『回想録と書簡』(*Memoirs and Correspondence*) より。ケンペレンの手紙はロンドンの大英図書館所蔵の手書き原本から。

第3章 最も魅惑的な仕掛け

ケンペレンがヨーゼフ2世の命令でしぶしぶタークを再度組み立てた話は、『無生物の理性』より。パリとロンドンが当時のチェス熱の中心だったという記述は、『チェス』(Eales, *Chess*) から。レガルの引用やフィリドールの生涯の情報は、『オックスフォード・チェス必携』(Hooper & Whyld, *The Oxford Companion to Chess*) より。タークのフランスでの騒動については、『秘密の回想録』(Bachaumont, *Mémoires secrets*)、『書簡集』(Grimm, *Correspondence*)、『回想録』(Croy, *Mémoires*) より。バルトラバースがフランクリンに宛てた手紙は、『チェス』より。ケンペレンがフランクリンに宛てた手紙は、『エドガー・アラン・ポー』(Evans, *Edgar Allan Poe*) より。「フィリドールの遺産」の事例については、『チェスの定石』(Pritchard, *The Right Way to Play Chess*) より。フィリドールがタークに負けると約束したと思われる話は、『パラメッド』(*Le Palamède* 7, 1847, 12-13) より。フランスの学者がタークの仕組みを探ろうとした話は、『ジュルナル・デ・サヴァン』(*Journal des Savants*, Sep. 1783) のウィンディシュの本の紹介の中に出てくる。

第4章　独創的な装置と見えない力

18世紀のロンドンで起きたオートマトンのブームについては、『ロンドンのショー』と『バベッジのダンサー』より。ジョンソンの言葉は、『ロンドンのショー』から、ブリュースターの引用は『バベッジのダンサー』から、カートライトの話は『ロンドンのショー』からそれぞれ引用した。

第5章　言葉と理性の夢

ベックマンの理論は、『偉大なチェス・オートマトン』（Carroll, *The Great Chess Automaton*）から。ケンペレンの話す機械の情報は、『無生物の理性』、「音声の合成」（Flanagan, "The Synthesis of Speech"）、『オートマトン』（Chapuis and Droz, *Automata*）から。ケンペレンの研究にベルが興味を持った話の詳細は、『音と沈黙』（Mackay, *Sounds and Silence*）より。コリンソンがケンペレンを訪ねた話の詳細は『偉大なチェス・オートマトン』より。

第6章　想像力の冒険

フリードリッヒ大王の話は、「チェス・オートマトン解析」（Walker, "Anatomy of the Chess Automaton"）他から。エカテリーナ女帝の物語については、『回想録』（Robert-Houdin, *Memoirs*）より。タークに触発されて書かれた本の詳細は、『チェス』を参照。バベッジのオートマトンへの興味は、自伝（*Passages*）に詳細に書かれている。ケンペレンの晩年の生活については、『ケンペレン』や、ドイツやハンガリーの情報をいろいろ教えてくれたアリス・レイニンガーとヴィクトリア・シュルクとの文通から。ケンペレンの死後に彼の伝記は、オーストリアからの独立を目指すナショナリストによって、フランシス2世が全財産を剝奪し一文無しになったという形に改作されていると思われる。しかしアリス・レイニンガーによれば、ケンペレンは死ぬまで年金は受けていた。

第7章　皇帝と王子

タークとナポレオンの遭遇については、『回想録』（Wairy Constant, *Mémoires*）から。メルツェルの伝記的な記述は、「メルツェル」（Würzbach, "Maelzel"）、「メルツェル」（Fétis, "Maelzel"）、『セイヤーのベートーヴェンの生涯』（Thayer, *Thayer's Life of Beethoven*）から。ウジェーヌ・ド・ボアルネの伝記的情報は、『ナポレオンの総督』

(Oman, *Napoleon's Viceroy*)、『回想録』(Du Casse, *Mémoires*) より。ナポレオンがチェスに興味を持っていた話の詳細は『チェス』より。ウジェーヌがタークを買い上げ、ミラノにオートマトンを見にいった話は、「チェス・オートマトンの歴史」(George Allen, "The History of the Automaton Chess Player") に書かれている。メルツェルがタークを「ウジェーヌ王子からチェスを指すオートマトンを託された」と言っている話は、『オートマトン』(Chapuis and Droz, *Automata*) より。

第8章　知能の領域

このエピグラフは『チェス』からの引用。ウィリスの伝記的詳細は、「ロバート・ウィリス」(Stephen, ed, "Willis, Robert") より。バベッジの階差機関の発想については、自伝(*Passages*) に詳しい。彼がタークに遭遇した話は、彼の所有していた『無生物の理性』の中にはさんであった紙に書かれており、現在この本は大英図書館に所蔵されている。そしてこの話は、「ケンペレンのチェスプレイヤー・オートマトン」("De Kempelen's Automaton Chess-Player" in *Notes and Queries*) に引用されている。バベッジの機械による知能への展望や階差機関を使ったいたずらについては、『バベッジのダンサー』に書かれている。メルツェルに関してルイスが言った言葉は、『チェス』から。タークが展示されていたセント・ジェームズ通りは『エコノミスト』の現代のオフィスからすぐの場所。

第9章　アメリカの木の戦士

タークのアメリカでの武勇伝は、「チェス・オートマトンの歴史」から引いているが、追加の資料（新聞からの引用を含む）は、『チェックメイト！』（Wittenberg, *Echec!*）、『チェス』、『偉大なチェス・オートマトン』から引用した。バーナムの引用は、『ロンドンのショー』より。

第10章　終盤戦《エンドゲーム》

ポーに関するクラッチの引用は、『エドガー・アラン・ポー』から。ハーヴェイ・アレンの引用は、ポーの伝記『イスラフェル』（*Israfel*）から。メルツェルやタークの晩年については、「チェス・オートマトンの歴史」に詳しい。タークが買われて再現された話は、「ベテランのチェスプレイヤーの最期」（Mitchell, "Last of a Veteran Chess Player"）に書かれている。

第11章　タークの秘密

タークの機構についての記述は、「ベテランのチェスプレイヤーの最期」の中に書かれた話や Smith の手書き文書を基にしている。タークのさまざまな動きの詳細に関しては、『チェス』より。ウィリアム・コールマンの息子が若いフランス人の女性の代役を務めた話は、「チェス・オートマトンの歴史」に書かれている。手品師が「火事だ！」と叫んだ話やタークがオランダ王と対戦したらしい話は、「チェス・オートマトン解析」より。デイヴィッドソンのタークに関する間違った理論は、『ターク』より。ゴーガンがタークを再現した話は、ロンドンやロサンゼルスで本人にインタヴューしたもの。ギュンペルやプロクターの理論は、『チェス』に書かれている。

第12章　ターク対ディープ・ブルー

グレニーがチューリングのチェスの紙上マシンと対戦した話は、『チェスを指す機械』(Bell, *The Machine Plays Chess*) に出ている。コンピュータを使ったチェスの短い歴史は、『楽しいゲーム』(Campbell, *An Enjoyable Game*) から引用した。ディープ・ソートやディープ・ブルーの開発に関してはキャンベルの本や、IBMのサイト (www.ibm.com) の文書を参照した。カスパロフとディープ・ブルーの対戦については、『カスパロフ対ディープ・ブルー』（Schaffer and Plaat, *Kasparov Versus Deep Blue*）から。カスパロフ側の言い分については、彼のエージェント（Owen Williams）が提供してくれた本人のスピーチから。マレイ・キャンベルの話は、１９９８年に本人と行った電話インタヴューから。ローブナー賞についての情報については、www.loebner.net によりたくさん情報がある。アルバートとの会話の写しは、『ボットを大げさに送り出す方法』（Pescovitz, *How to Send a Bot Off on a Rant?*）から。タークの質問に答える能力に関して最も詳しいのは、『メッセージ』（Ebert, *Nachricht*）、『チェスプレイヤーについて』（Hindenburg, *Ueber den Schachspieler*）、『偉大なチェス・オートマトン』内の引用や、他にも多くの情報がある。

参考文献

Alle, George. "The History of the Automaton Chess Player in America." In *The Book of the First American Chess Congress:* New York: Rudd and Carleton, 1859, 420-84.

Allen, Hervey. *Israfel: The Life and Times of Edgar Allan Poe.* New York: George H. Doran, 1927.

Altick, Richard. *The Shows of London*. Cambridge, Mass.: Harvard University Press, 1978.

"Automate jouer d'échecs." *Magazine Pittoresque* 2 no. 20 (1834): 155.

"The Automaton Chess Player Redivivus." *Illustrated London News,* December 20, 1845, 389-90.

Babbage, Charles. *Passages from the Life of a Philosopher*. London: Longman, 1864.

Bachaumont, Louis Petit de. *Mémoires secrets pour servir à l'histoire de la republique des lettres en France.* Vol. 22, 249-50, 262-64, 305-7; vol. 23, 3-6(April-June1783). London, 1777-

89.

Bedini, Silvio: "The Role of Automata in the History of Technology." *Technology and Culture* 5 (1964): 24-42.

Bell, Alex G. *The Machine Plays Chess.* Oxford: Pergamon, 1978.

Bourdonnais, Charles de la. "L'Automate jouer d'échecs." *Le Palamède* 4 no. 2-3 (1839): 54-70.

Bradford, Gamaliel. *The History and Analysis of the Supposed Automaton Chess Player of M. de Kempelen,* Boston: Hilliard, Gray, 1826.

Brewster, Sir David. *Letters on Natural Magic.* London: John Murray, 1832.

Campbell, Murray S. "An Enjoyable Game: How HAL Plays Chess." In *HAL's Legacy: 2001's Computer as Dream and Reality,* ed. David G. Stork. Cambridge, Mass.: MIT Press, 1997, 74-98.（デイヴィッド・G・ストーク『ＨＡＬ伝説――２００１年コンピュータの夢と現実』日暮雅通監訳、早川書房、１９９７年）

Carroll, Charles Michael. *The Great Chess Automaton.* New York: Dover Publications, 1975.

Chapuis, Alfred, and Droz, Edmund. *Automata.* London: Batsford, 1958.

Clarke, Arthur C. *2001: A Space Odyssey.* London: Hutchinson, 1968.（アーサー・C・クラ

ーク『2001年宇宙の旅』伊藤典夫訳、早川書房、1977年）

Croy, Duc de. *Mémoires sur les cours de Louis XV et de Louis XVI.* Paris, 1895-96.

"De Kempelen's Automaton Chess-Player." *Notes and Queries* 12 S. X. February 25, 1922, 155-56.

De Tournay, Mathieu-Jean-Baptiste Nioche. "La Vie et les aventures de l'automate jouer d'échecs." Le Palamède 1, no. 3 (1836): 81-87.

Decremps, Henri. *La Magie blanche devoilée.* Paris: Langlois, 1784.

Doyon, André, and Liaigre, Lucien. *Jacques Vaucanson, mécanician de génie.* Paris: PUF, 1966.

Du Casse, André, ed. *Mémoires et correspondence politique et militaire du Prince Eugène.* Paris, Michel Lévy, 1859.

Dutens, Louis. "A Description of an Automaton, Which Plays at Chess." *Gentleman's Magazine,* January 1771, 26-27.

———."Lettres sur un automate, qui joue aux échecs." In *Oeuvres mélees,* 103-9. London, P. Emsley, 1796.

Eales, Richard. *Chess: The History of a Game.* London: Batsford, 1985.

Ebert, Johann Jakob. *Nachricht von dem berühmten Schachspieler und der Sprachmaschine des Herrn von Kempelen*. Leipzig, 1785.

Encyclopaedia Britannica. 11 th ed. "Automaton" and "Conjuring." Cambridge: Cambridge University Press, 1911.

Evans, Henry Ridgely. *Edgar Allan Poe and Baron von Kempelen's Chess Playing Automaton*. Kenton, Ohio: International Brotherhood of Magicians, 1939.

Ewart, Bradley. *Chess: Man vs Machine*. London: Tantivy Press, 1980.

Fétis, F. J. "Maelzel." In *Biographie universelle des musiciens,* 396-97. Paris, 1870.

Flanagan, James L. "The Synthesis of Speech." *Scientifc American,* February 1972, 48-58.

Grimm, Frédéric Melchior. *Correspondence littéraire, philosophique, et critique*. Vol. 13 (September 1783). Paris: Chez Furne, 1830.

Hindenburg, Carl Friedrich. "Ueber den Schachspieler des Herrn von Kempelen, nebst einer Abbildung und Beschreibung seiner Sprachmaschine." *Leipziger Magazin zur Naturkunde, Mathematik, und Oekonomie,* 235-69. Leipzig, 1784.

Hooper, David, and Whyld, Ken. *The Oxford Companion to Chess*. Oxford: Oxford University Press, 1992.

Hunneman, W. *A Selection of Fifty Games, from Those Played by the Automaton Chess-Player, During It's Exhibition in London in 1820.* London, 1820.

"Inanimate Reason" (review). *Monthly Review* 70(April 1784): 307-8.

Jarrett, Keith. *Whisper Not.* Munich: ECM Records, 2000.

Keith, Sir Robert Murray, *Memoirs and Correspondence, Official and Familiar, Edited by Mrs Gillespie Smyth.* London: Colburn, 1849.

Kempelen, Wolfgang von. Manuscript letter to Robert Murray Keith, August 14, 1774. British Library manuscript collection ref. 355 07, vol. 5, 275.

———. *Mechanismus der menschlichen Sprache nebst Beschreibung einer sprechenden Maschine.* Vienna: J. B. Degen, 1791.

Knudsen, John C. *Essential Chess Quotations.* Osthofen: John C. Knudsen, 1998.

Köszega, Imre, and Pap, János. *Kempelen Farkas.* Budapest, 1955.

Kurzweil, Raymond. *The Age of Spritual Machines: When Computers Exceed Human Intelligence.* London: Orion, 1999.（レイ・カーツワイル『スピリチュアル・マシーン——コンピュータに魂が宿るとき』田中三彦・田中茂彦訳、翔泳社、２００１年）

"Lettres sur le jouer d'échecs de M. de Kempelen" (review). *Journal des Savants*

(September 1783.)
Levitt, Gerald M. *The Turk, Chess Automaton.* Jefferson, N. C.: McFarland, 2000.
Lopez, Claude-Anne. *Mon cher papa: Franklin and the Ladies of Paris.* New Haven: Yale University Press, 1966.
Mackay, James. *Sounds out of Silence: A Life of Alexander Graham Bell.* Edinburgh and London: Mainstream Publishing, 1997.
Mitchell, Silas Weir. "Last of a Veteran Chess Player." Chess Monthly, January 1857, 3-7, and February 1857, 40-45.
Morris, Constance Lily. *Maria-Theresa, the Last Conservative.* London: Eyre and Spottiswoode, 1938.
Observations on the Automaton Chess Player Now Exhibited in London by an Oxford Graduate. London: J. Hatchard, 1819.
Oman, Carola. *Napoleon's Viceroy, Eugène de Beauharnais.* London: Hodder and Stoughton, 1966.
Pérez-Reverte, Arturo. *The Flanders Panel.* London: Harvill Press, 1994.
Pescovitz, David. "How to Send a Bot off on a Rant? Mention Star Trek." *New York Times,*

March 18, 1999.

Poe, Edgar Allan. *The Complete Tales and Poems of Edgar Allan Poe.* London: Penguin Books, 1965.

Porter, Roy. *The Greatest Benefit to Mankind. A Medical History of Humanity from Antiquity to the Present.* London: Harper Collins, 1997.

———, ed. *Hutchinson Dictionary of Scientific Biography.* Oxford: Helicon, 1994.

Pritchard, D. Brine. *The Right Way to Play Chess.* 10th ed. Kingswood, Surrey: Elliot Right Way Books, 1974.

Racknitz, Joseph Friedrich, Freyherr zu. *Ueber den Schachspieler des Herrn von Kempelen und dessen Nachbildung.* Leipzig and Dresden: verlegts Johann Gottlieb Immanuel Breitkopf, 1789.

Robert-Houdin, Jean Eugène. *Memoirs of Robert-Houdin. Ambassador, Author, and Conjurer, Written by Himself.* London: Chapman and Hall, 1859.

Schaeffer, Jonathan, and Plaat Aske. "Kasparov Versus Deep Blue: The Re-match." *ICCA Journal* 20. no. 2 (1997): 95-102.

Schaffer, Simon. "Babbage's Dancer and the Impresarios of Mechanism." In *Cultural*

Babbage, ed. Francis Spufford and Jenny Uglow. London: Faber and Faber, 1996.

Schurk, Viktoria. “Ungarische Erfinder.” *Budapester Zeitung,* September 4, 2000.

“Scientific Amusements-Automata.” *New Monthly Magazine* 1(1821): 441-48, 524-32.

Searle, John. “I Married a Computer.” *New York Review of Books,* April 8, 1999.

Smith, Lloyd Pearsall. Manuscript letter to George Allen, July 7, 1858. Library Company of Philadelphia, Allen (Chess) Collection ref. Yi2 7425 F. 31.

Stephen, Leslie, ed. “Willis, Robert.” In *Dictionary of National Biography.* London: Smith. Elder, 1885-1903.

Strauss, Linda M. “Automata.” Ph. D. thesis, London Science Museum Library ref. 688:93 STRAUSS.

Thayer, Alexander Wheelock. *Thayer's Life of Beethoven, Revised and Edited by Elliot Forbes.* Princeton: Princeton University Press. 1970.

Thicknesse, Philip. *The Speaking Figure, and the Automaton Chess-Player, Exposed and Detected.* London, 1784.

Turing, Alan. “Computing Machinery and Intelligence.” *Mind* 59. no. 236 (October 1950): 433-60.

Twiss, Richard. *Chess*. London: G.G.I. and I. Robinson. 1787.

Wairy, Louis Constant. *Mémoires de Constant, premier valet de chambre de l'empereur, sur la vie privée de Napoléon, sa famille, et sa cour.* Paris, 1830.

Walker, George. "Anatomy of the Chess Automaton" *Fraser's Magazine* 19 (June 1839): 717-3I.

Whyld, Ken. *Fake Automata in Chess* (bibliography). Lincoln, England: Caistor, 1994.

———."Maelzel's Little Book." *British Chess Magazine* 120, no. 7 (July 2000): 382-84.

Willis, Robert. *An Attempt to Analyse the Automaton Chess Player, of Mr de Kempelen. With an Easy Method of Imitating the Movement of That Celebrated Figure.* London: J. Booth, 1821.

Windisch, Carl Gottlieb von. *Inanimate Reason; or a Circumstantial Account of That Astonishing Piece of Mechanism, M. de Kempelen's Chess Player.* London, 1784.

Wittenberg, Ernest. "Échec! The Bizarre Career of the Turk." *American Heritage*, February 1960: 34-37, 82-85.

Würzbach, Constant von. "Kempelen, Wolfgang Ritter von" and "Maelzel, Johann Nepomuk." In *Biographisches Lexikon des Kaiserthums Oesterreich.* 60 vols. Vienna, 1856-91.

訳者解説

２００５年の末に米国大手通販サイトのアマゾンが、仰天するようなサービスを発表した。それはネットの利用者がアマゾン（に登録したリクエスターという誰か）のリクエストを受けて、画像の中から特定のテーマに沿ったものを選び出したり、録音データからテープ起こしをしたりすれば、報酬がもらえるというものだった。どうもその目的は、データベースを構築するために、画像や音声のキーワードを抽出することのようだった。この種の作業はまだコンピュータが不得意なので、人間が代わりに行ってもらいたいということらしい。

ＩＴ分野ではこれまで、骨が折れる仕事をコンピュータが自動的に肩代わりして、人間の労働量を減らそうとしていたのに、これはまるで逆の発想だ。人間には造作もない仕事を、無理やり高価なプログラムで行いミスを後から修正するより、最初から人間に任せるという合理的なやり方ではあるものの、これではまるで人間がコンピュータの召使いになったようだ。世界中のネットユーザーが、わずかな報酬のために作業を分担して行ってくれれば、コストのかかるコンピュータより安くあがるという経済合理性があるのだろうが、機械の（実際はアマゾンに登録した誰かなのだが）命令に人間が従うという図式に、少なからず抵抗感を覚える人もいるだろう（それに、その結果がどう使われるかに何の説明もないことは、さらに人を不安にする）。しかしさらに驚いたのは、そのサービスが「アマゾン・メカニカル・ターク」（アマゾンの機械仕掛けのトルコ人）という名前だったことだ。

アマゾンはなぜその名前をつけたかについて、18世紀に作られ欧米各地で公開された、機械仕掛けのトルコ人の恰好をしたチェス指し人形から取ったと説明する。この有名な人形は、チェスを指すという知的な作業をなんなくこなし、ほとんどの対戦者に勝利していた。それは現在でいえば、コンピュータを使った人工知能そのものだ。IBMのチェスプログラムを装備したスーパーコンピュータ「ディープ・ブルー」がやっと1997年に世界チャンピオンのガルリ・カスパロフに勝利したというニュース（邦訳では『人間対機械』Michael Khodarkovsky and Leonid Shamkovich著、高橋啓訳、毎日コミュニケーションズ、1998年）を聞いたわれわれには、240年も前にただの機械が人間を相手に連勝連覇したとは到底信じられない。それは完全な機械仕掛けのからくり人形、つまり自動人形《オートマトン》であるという触れ込みだったが、やはり当時の人々も、チェスの上手な人間が中に入るなり、外から誰かが操作するなりしているのではないかと疑った。スパコンでしか人間に対抗できないようなやっかいなチェスを指す作業は、人間に任せてしまえば楽だと思ったのか、アマゾンがコンピュータの不得意な作業を人間に任せるサービスにこの名前を借用したことは、なんとも皮肉な話に聞こえる。

本書『謎のチェス指し人形「ターク」』はまさに、その摩訶不思議なチェス人形の波乱に満ちた物語だ（原題は *The Mechanical Turk* で Turk はトルコ人という意味だが、アマゾンのサービスや、映画『ターミネーター』でもチェスコンピュータとして「ターク」という名で知られていることから、この訳語を使った）。オーストリア＝ハンガリー帝国のマリア・テレジア女帝の命によって、１７６９年にフォン・ケンペレンが製作したこの人形は、まさにターバンを巻いたエキゾチックなトルコ人の姿をしており、チェス盤を置いた机の前に座って長いパイプを持ち、器用にチェスの駒を操った。相手が指し方を誤ると訂正し、王手をかけると頷き、王手を意味する「チェック」や「エシェック」と声を発しさえしたとされる。事前に机の中は公開されるが機械類しか見えず、人形の背中にもドアが付いており、人は入っていないように見えた。そしてこのからくり人形が目をぐるぐる回し、手を器用に動かしてチェスを指す姿は、どうみても完全な機械仕掛けでしかなかった（現在入手可能な邦訳書では、『生きている人形』〔ゲイビー・ウッド著、関口篤訳、青土社、２００４年〕にかなり詳しい記述がある。また最近の洋書では、参考文献にある Levitt の本が、チェスの記述も詳細で図版も多い）。

時代はヨーロッパで産業革命が進行している真最中。蒸気機関の発明でそれまで人間や家畜が行っていた仕事が強力な機械動力によって代替され、人々は機械の力に圧倒されていた。時計などの精密機械を応用したからくり人形には、すでに動物そっくりの動きをするものや楽器を演奏するものもあり、そのうちに機械がもっと難しい動きをこなす時代が来ると世間の期待感は高まっていたのかもしれない。しかしチェスという、人間にも簡単とはいえない知的な作業を機械がこなし、さらには人に勝るとは……。

この謎に満ちた人形は宮廷の王族や貴族、ベンジャミン・フランクリンやナポレオンなどの有名人も驚かせたばかりか、欧米を旅して興業を行うことで、一般大衆も魅了し混乱に陥れた。トリックだと考えた人々が、どうにかして秘密を暴こうと試みた。その中の1人にエドガー・アラン・ポーという米国の雑誌記者がおり、彼が1836年に書いた「メルツェルのチェスプレイヤー」というエッセイの謎解きの手法が、現在のミステリー小説の原型となったと言われれば、何とも興味を引かれる話ではないか。

その謎の答えは明らかなようで、明らかではなく、著者は刑事コロンボよろしく、その謎のベールを徐々に一枚一枚と剝いでいく。本書は歴史書でありながらミステリー小説を読むような興奮を覚える展開で一気に読ませる。この人形を題材にした小説や演劇も多く作られたことが知られており、このミステリーが人々の好奇心や想像力をいかにかき立てたかが偲ばれる。

しかし、話は機械人形のトリックの謎解きに終わらない。ロンドンでこれを見たある少年は、機械が本当にチェスを指せるはずだと信じ込み、成人してから歯車を組み合わせて計算する機械を組み立てた。彼こそが現代のコンピュータに先駆ける階差機関や解析機関を発想したチャールズ・バベッジだということになれば、この話はコンピュータにチェスのような知的な動作を行わせようとする人工知能に受け継がれ、一気に現代のIT社会へと連結される。そもそもコンピュータは、ただの単純な計算機ではなく、人間の知的な活動を模倣するための機械を作りたいという夢から創造されたものだと解釈するならば、このタークこそがその本当のルーツと言えるのかもしれない。

1956年に米国のダートマス会議で最初に人工知能が提唱された頃は、コンピュータの能力は今ほど高くはなく、単純な計算を人間より早くこなす程度のことしかできなかった。まず知的な活動の代表としてチェスなどのゲームが選ばれたのは、比較的単純で明確なルールがあり、結果がはっきりと評価できるものだったからだ。チェスを指すプログラムは、現代のコンピュータを最初に理論づけたアラン・チューリングに始まり、情報理論を確立したクロード・シャノンや、サイバネティックスの提唱者ノーバート・ウィナー、ゲーム理論を打ち立てたフォン・ノイマンなどの有数の学者たちをも魅了し続けた。10の

120乗もの可能性があるとされる、最初から最後までの指し手の可能性から、最適な選択をして相手に勝つ戦略を計算するインタラクティヴな計算の量は、いわゆる天文学的なスケールに達する。不可能ではないかもしれないが、通常の計算能力ではいつまでたっても処理しきれないだろう。それは、無限にも見えるインターネットの情報クラウドの中から、意味のある情報を効率よく探し出す情報検索にも通じるものがある。グーグル（10の100乗を意味するgoogolが名前の由来）が人工知能の研究者によって創設され、そのサービスが世界を支配している様子を見ると、われわれはタークの遠い子孫と今まさに日々対戦・格闘しているような錯覚さえ覚える。

結局このチェスを指せる機械人形が行っていたことは、ケンペレンが主張していたイリュージョン（ただし機械がチェスを指せると信じた人にとっては詐欺行為？）が、技術の進歩によって結果的に「嘘から出た実」になったという話に尽きるのか？　いやこの物語には、人間以外の機械という無機質な存在が「考える」ことができるのかという、もっと深い問題が潜んでいる。ディープ・ブルーはチェスを指しながら「考えて」いたのだろうか？　言語哲学を専攻するカリフォルニア大学バークレー校のジョン・サール教授は、「中国語の部屋」という思考実験を提唱した。部屋の中に中国語も漢字も知らない人を入れておき、その人が外から入れられた中国語の文章に、対照表を使ってただ対応する文章を返した場合、外にいる中国人は部屋の中に中国語を解している人がいると信じ込む。チューリングは、メッセージに適切に反応する姿の見えない相手を人間が知的だと判断すれば、相手を知的とみなしていい、というチューリング・テストを提唱した。もし中国語の対照表が完全なら、中国語を知らない人も中国人と見なすことができ、さらにはそれがプログラムであってもかまわないということになる。この論を進めれば、われわれが考える、本物と偽物の区別は曖昧になり、人間と機械（コンピュータ）、つまり生物とそうでないものの区別さえぼやけてくる。こうした境界領域を論じる「人工生命」のような分野もあり、人間は炭素をベースにした素子でできたコンピュータで、いずれ技術が進歩すれば人間と機械の区別は意味をなさなくなると考える人さえいる（さらには宇宙自体を超巨大な計算機械と考える途方もない理論もある）。

そういうSF物語のような時代が何年後に来るのかはちょっと想像に難いが、ある意味それは、すでにやって来ていると解釈することもできるだろう。日本のスーパーコンピュータ「京」は毎秒2京回の演算をこなすが、これはすでに人間の脳の情報能力に匹敵するレベルだ。チェスを指すことだけに限定すれば（愛を語り合ったり、子孫を残したりすることはできないものの）、ディープ・ブルーは十分いい遊び相手になってくれる。また最近はIBMの「ワトソン」というディープ・ブルーの兄弟のようなシステムが、米国のクイズ番組で人間のチャンピオンを打ち負かしたというニュースも報じられた。ネットの発達した現代は、こうしたイリュージョンに満ちている。相手が人間か機械であるかは関係なく、ともかく誰かが何か自分のしたいことを実現してくれれば、どうでもいいと感じる人も多いだろう。人々がトルコ人の人形を求めたのは、実は本当に知的な機械があるのかというような高尚な興味からではなく、そのように見える一時の興奮のためだったのかもしれない。

トルコ人の人形は、中に人間が入っていたかどうかは別にして、すでにチューリング・テストをパスしていたと考えると、この物語の示唆するものはとてつもなく深い。この人形はすでにオリジナルが火事で焼失してしまい、それを描いた版画や、その後に作られたレプリカからその姿を想像するしかない（ユーチューブの中には、ゴーガンのモデルの映像や関連するレクチャーもある）。しかし、その明らかに作り物のような目に睨まれたとき、誰もがある種の不気味さにたじろぎ恐怖を覚えたに違いない。その時代の最強のチェスプレイヤーであったフィリドールやカスパロフは、機械を相手にする底知れない闇に陥った。彼らは人形やコンピュータの動きに、ある種の予想不能な何かを感じとり、カスパロフにディープ・ブルーのプログラムに人間が入れ知恵をしていると抗議した。こうしたゲームとは、ある種の規約を前提に同意した共犯関係を演じる行為だ。メディア学者のマクルーハンは「ゲームというものは、そこに加わる人が一時的に人形になることに同意することによってはじめて動き出す機械である」と論じている。まるで死体と同じ生命のない人形とインタラクティヴなやりとりをするうちに、われわれは自分の拡張であるメディアの中に入り込み、次第に陶酔し、ナルシスのように現実の判断を放棄していくのかもしれない。そう考えると、現在のデジタル化されたメディア社会は、それ自体が巨大なタークのようにさえ思えてくる。

タークのイリュージョンは、メディアの扱う情報という非物質的な論理の仕業には留まらない。コンピュータはすでにロボットという形で身体を持ち始め、書き言葉を扱う以外に喋り演技する身体を持ち始めた。瀬名秀明の書く「メンツェルのチェスプレイヤー」（『第九の日』〔光文社文庫、２００８年／光文社、２００６年〕に収録）は、エドガー・アラン・ポーのエッセイをオマージュするように、タークの代わりに近未来のロボットが登場する。19世紀のポーの試みと現代のミステリーを結ぶ補助線が引かれ、さらに未来への道筋が見え隠れする。タークが喚起した様々な問題は、これからの情報社会を考えるための大きなヒントとなろう。

本書の翻訳は、トム・スタンデージの最初の著書『ヴィクトリア朝時代のインターネット』の翻訳と同時に行った。著作リストの中に出てくる本書が、同じように訳者の興味を引いたためだ。著者の紹介は『ヴィクトリア朝時代のインターネット』の解説を参照していただければと思うが、英国を中心に欧米の有数のメディアで活躍し、歴史的アナロジーを得意とする、デジタル時代に最も注目すべき気鋭のライターであることはここでも強調しておきたい。歴史とテクノロジーに通じた彼のヴィジョンのもとに、ネットワークとコンピュータの元祖の話を併せて読んでいただければ、IT社会の総合的な理解に役立つと信じる。

本書の翻訳を終えたころ、東京の新宿で「オートマタ」（演劇企画体ツツガムシ）という舞台公演があることを知った。それはまさに、このタークを題材にした興味深いストーリーだった。そのことを教えていただいた日本チェス協会会長代行・事務局長の渡井美代子さんには、チェスに関する表現などをチェックしていただいた。版権取得は牧野彰久氏、編集は柴俊一氏にお世話になった。松田行正さんには『ヴィクトリア朝時代のインターネット』と本書の装丁をお願いした。著者やこの本に手を貸してくださった皆様に感謝し、著者が執筆中のソーシャルメディアの起源について書かれる次回作にも期待したい。

２０１１年11月1日

服部　桂

（一部加筆修正のうえ単行本より再録）

あなたはタークの中に住んでいる

文庫版のための訳者解説

ここ数年、混迷する時代の救世主のようにChatGPTをはじめとする生成ＡＩが話題となり、「第三次ＡＩブーム」なるものが世間を騒がせている。

70年ほど前から話題になるも一般化しなかったＡＩが、10年以上前にネコとイヌの画像を見分けることのできる「ディープラーニング」という手法で再注目され、ついにはネットでどんな質問にもそつなく答えてくれ、画像や映像まで作ってくれる魔法のランプのように世界中で持ち上げられている。ＡＩの波に乗らないとデジタル化に乗り遅れると焦っている人もいる一方で、実は多数の人間のオペレーターがコンピュータのふりをして答えているとするマンガもネットミームとして出回り、英『エコノミスト』は昨今、「ＡＩは天使か悪魔か？」と特集を組んでいた。

そんな時代に、フランス革命が起きた頃の18世紀末、250年も前の時代にあったチェスを指すトルコ人の格好をした人形が、マリー・アントワネットの母マリア・テレジア女帝の治世に作られ、産業革命時代の欧州を席巻してナポレオンなどの名士とも対戦し、それを見たイギリスの少年バベッジに世界初のスチームパンクなコンピュータを作らせ、さらにはそれがアメリカに渡って、エドガー・アラン・ポーという作家にミステリーの元祖となる記事まで書かせ、現在のAIの開祖となったと説く本書は、AIのノウハウ本が溢れる昨今の読書界でも異色の存在だろう。

機械に知能は宿るか

AI（人工知能）とは実に不思議な言葉だ。人間特有の能力と思われる知能をただの人工的な電子機械が真似し、さらにはいずれ「シンギュラリティー」によって人間をも凌駕するとされ、まるで超常現象やカルトのような扱いさえ受けている。

この言葉はもともと、戦後に商用コンピュータが普及し始めた1956年に、ただの計算機械を超える未来のコンピュータの可能性を追究する新しい学を構築しようと、ダートマス大学での学術会議を企画したジョン・マッカーシーが、世間の注目を集めるためのキャッチとしてひねり出した、いわばマーケティング用語だった。

人工（artificial）と知能（intelligence）という、相矛盾するような概念を結び付けたこの奇妙な言葉は人目を引いたものの、実際には人間固有の能力として明確に定義できない「知能」を扱うことから困難が伴った。日本の人工知能学会でさえ、知能については十以上の定義が入り乱れており、その能力を評価する基準としても、イギリスの数学者アラン・チューリングが提唱した「チューリング・テスト」のように、文字を介して人間と対話してある程度騙せれば知能があると見なしていい、という主観的なものしか知られていない。

しかし現代のコンピュータの出自を考えれば、その違和感は解消する。その祖とされるチューリングは、大数学者ヒルベルトが20世紀の初めに提唱した、世界の知がすべて数学で理論化・証明できるという命題に挑戦しようと、「チューリング・マシン」という、生命でいえばDNAに当たるような人間の思考の基本モデルを考えた。アメリカで戦時中にENIACという初期のコンピュータを作っていたフォン・ノイマンがそのアイデアを取り入れ、後に現代のコンピュータの基本モデルとされる、「フォン・ノイマン型」というアーキテクチャーへと昇華させ、それがわれわれの知るコンピュータの原型となった。

チューリングの思考モデルを電子化したのが現代のコンピュータだとすると、コンピュータは脳を真似する人工の頭脳（つまり知能）であり、1＋1＝2と計算する程度の機能しかなくとも概念的にはすべてがAIマシンだと考えられる。

コンピュータが世に出たばかりの頃、世間はそれが面倒な数値計算を人より速く実行してくれる特殊な機械としか考えていなかったが、チューリングは違った。第二次大戦中に暗号解読の任にあたってから、すでに初期のコンピュータで人間と対話しながらチェッカーを指したり、ラブレターを書いたり、音声を発したりするもっと人間に近い知的な機能を実現させようと研究を続けており、戦後になって、コンピュータは「電子的な脳のモデルで、いずれその性能が向上すれば人間の能力を超える」と公言していた。

われわれが普通「知的」なものと考えるのは、難しい問題を解いてくれる専門家の技などだが、マッカーシーとダートマス会議を主宰し、その後のAI開発を主導してきたMITのマーヴィン・ミンスキーは、「西欧人は機械が知能を持つなどとは信じていない。それに知能という概念がもう時代遅れで、それはある問題を私より簡単に解決できるかという相対的な概念に過ぎない」と看破している。

市場では、最新のAIソフトが実用化されると、それはすぐにそれまでの問題を最適化するただのツールと見なされ、もうAIとは呼ばれなくなる。つまり市場で言われるAIとは、未解決の最先端の開発を指す相対的レベルを指すだけで、絶対的な基準で評価できるものではないのだ。

しかしその一方で、進歩を続けるAIがこのままではわれわれの能力を超えて人類を支配し、いずれは心や魂を持つ汎用ＡＩ（ＡＧＩ）が実現するという論議も活発で、機械の知能を認めないはずの西欧社会でも、ＡＩを本気で恋人にしてしまうストーリーの映画（『her／世界でひとつの彼女』）が作られ、「ＡＩに洗礼をほどこすべきか？」など人格を認めるかどうかという論議さえされている。

コンピュータは知能を持つと見なしてかまわないとするチューリングに対し、部屋の中にいる中国語を知らない人が辞書を引いて翻訳をこなすと、外から依頼する人は中に中国人が入っていると錯覚するはずで、ＡＩは知能と無関係な「中国語の部屋」のようなものだと論じるジョン・サールのような人もいる。

最近は『アナロジア　ＡＩの次に来るもの』（服部桂監訳・橋本大也訳、早川書房）で、デジタルの先にアナログが復権すると説く科学史家のジョージ・ダイソンは、ＥＮＩＡＣなどの開発に携わったプリンストン高等研究所の創世記を書いた前著『チューリングの大聖堂』（吉田三知世訳、ハヤカワ・ノンフィクション文庫）で、チューリングはＡＩを実行するコンピュータを知的と見なすことが西欧では困難なため、神の降臨を希求する大聖堂にコンピュータを例えることで、ＡＩが人間と同じかどうかという神学論争を回避したと述べた。

人形が人間に、人間が人形になるとき

本書はこの論争に決定的な解答を与えているわけではないが、ある意味、他者や環境に人間的なモデルを投影してしまう、人間のアニミズム的な本能を突くもっと深い論議に立ち入っている。

人が相手に人間的なものを見てしまう傾向は、他人が自分と同じ存在で、相手の心理を読み取ることが社会生活の質を決めるという、群れの動物としての性質から来るものだろう。古代からゴーレムやコッペリア、ピノキオのように、人形が魂を持って人間になってしまう神話や寓話がいくつもあるが、これは子どもが人形遊びをすることで他者を理解して行く人間の成長過程そのものを反映したものだろう。

集団の中では、自分の手に余る作業を他者に委ねるが、相手はその時点で一時的に自分の限界を超えるための道具と化してしまう。ネット社会では、便利なアプリを動かしているのがコンピュータか人間のオペレータであるかはあまり問題にならず、自分の限界を自分と似た存在が補ってくれれば事足りる。

タークとチェスを指した人々は、トルコ人の姿をした人形をとりあえず対話相手と捉え、チェスという限定されたルールによる対話の参加者になることに同意し、そこで進行するゲーム世界の中で逆に自らが人形のように振る舞うようになる（これはある意味、用心深い人でさえ、ネット詐欺にまんまと引っかかってしまう人間心理の宿命なのかもしれない)。

そしてこの閉じた世界では、相手が人間であるかどうかは問題ではなくなり、自分の手に相手がきちんと対応してくれればいいだけで、相手がチェス以外に何ができるのかなどは問題にならなくなる。ChatGPTと対話するわれわれも、同じゲームの一人のプレーヤーに過ぎない。AIはどんなに進歩したとしても、そのプログラムが想定した世界内の存在に過ぎず、タークもまた、チェスを指す以外に逃げるという選択肢を持つことのないまま火事で焼失し消えてしまった。

現在のAIは開発当初と比較して、インターネットに溢れる人々が日々吐き出すとてつもない量のデータと処理能力を有することで、一般人が日常接するような広範囲の問題をこなすことができるようになったが、それは基本的に量の拡大が質に変化しただけで、原理的には人間が考えたアルゴリズムで人間の作り出したデータをつないだ大規模言語モデル(LLM)という巨大地図を確率的にナビゲートしているだけだ。コンピュータに頼らなくてもその流れを追って行けばわれわれでも同じ答えに行き着くのであり、その作業にはとてつもない時間がかかるという違いしかない。

それにLLMのデータは、基本は人間や関連する活動が生み出したデータなのであって、これなくしてAIは動けない。つまり現在のAIが行っていることは、巨大な集合知を効率よく組織化し、経験値を重み付けしたものを手早く処理しているだけなのだ。

だからといってＡＩに意味がないのではない。われわれ人間の集団が互いに知恵を出し合って問題を解決する作業を大幅に効率化してくれ、より短い時間に多くの選択肢を与えてくれる。破竹の勢いの藤井聡太七冠も、人間同士では通常考えないような膨大な可能性までチェックしているＡＩと対戦することで、常人が気づかない手まで学習しており、ＡＩのおかげで人間の想像力の未知の領域にまで踏み込んでいる。大量の判例を参照する法曹界や不確定要素の多い人事、株価や天気の予報など、複雑で膨大なデータの組み合わせから効率よく最適な解を得るために、現在の検索サービスの先にあるＡＩは、人間の力を進化させるＩＡ（Intelligence Amplifier）として今後も重宝されるとする論議も活発だ。

コンピュータを知のエンジンと考えれば、それは人間活動の生み出した知という燃料がなければ動けないし、エンジンが高性能であるばかりか燃料も十分でなければ遠くまで早く行きつくことはできないので、桁違いのスピードを持つ量子コンピュータの開発や、いろいろな物にセンサーを付けたＩｏＴなどを使い、世界中のあらゆるものの桁違いの量のデータを収集し処理するための開発が今後も加速するだろう。

タク化する世界？

しかしそもそも、知能とは何なのだろうか？　われわれはそれを人間固有の何かだと思っているが、それは言語能力を前提とした単なるＩＱテストの点数のことではなく、世界の不確実で予想不可能な状況に適応していける、もっと広い意味での能力を指すのではないか？

鋭い嗅覚で犯人捜しをする警察犬や、1年前にツンドラの荒野に埋めた食料を間違いなく掘り出すカラスなど、動物も人間が敵わないほどの記憶力や本能によって、不確実な自然の中で生きながらえており、人間とは違う別の知能を持っていると考えるべきだろう。さらに宇宙に目を向ければ、人類が想像もできないような能力を持つ宇宙人が存在しないとも限らない。デジタル社会のヴィジョナリーとして有名なケヴィン・ケリーは、そうした人間の可能空間を拡大するＡＩを人工異星人（Artificial Alien：ＡＡ）と捉えるべきだと提唱しており、われわれの職を奪ったり支配したりする敵ではなく、人類の次の知性を磨くためのツールや良きパートナーとして考えるべきだと言っている。

タークは東洋の魔術師の姿で、他者に依存する人間の心理を見事に利用するトリックだったが、それはロボット奇術の域を超えて、（チューリングの予想した）人間が他者との対話の中に知能を感じるという、われわれの本能の本質を暴き出したと言える。ChatGPTが手軽に相談に乗ってくれ、ビジネスからアートまでのあらゆる領域で巨大な世界的ゲームの対戦相手のようになっているAIの現状を目の当たりにしていると、いまやインターネットが身体を持たない巨大な汎用タークと化していると思えてくる。これからのネットは、世界中の利用者をノードとした巨大なニューラルネットワークのように機能し、ネット全体が一つのAI脳（グローバル・ブレイン）のようになって人間と共存していくのではないか。われわれはすでにある意味、バーチャルなタークの世界の住人なのだ！

この人類の根源的な知的関心に初めて正面から目を向けさせ、ミステリーという人間の知能をガイドする文学ジャンルを創出したタークこそ、AIに象徴される人類史の転換期に立つ預言者だったのかもしれない。

本書は2011年に、著者トム・スタンデージの『ヴィクトリア朝時代のインターネット』（2024年5月にハヤカワ・ノンフィクション文庫に収録）と同時にNTT出版から出したものだが、AIブームが話題になるいまこそ読まれるべきAI創世記として、前回と同じく編集者の一ノ瀬翔太氏に当文庫に加えていただいた。ミステリーの元祖を明らかにした本書が、日本のミステリーを牽引する早川書房から出ることに大いなる感慨を禁じ得ない。

そろそろ陰りも出ているともされるAIブームなるものに翻弄されずに、人はなぜ他者や機械に知能を求めるのかという原点をこの壮大なドラマから読み取っていただければ、今後のＡＩ開発ばかりか、これからの人間の目指すべき方向性も見えてくるのではないかと秘かに期待している。

国際チェス連盟（ＦＩＤＥ）１００周年のチェスオリンピアード開催の日に
２０２４年9月10日

服部　桂

◎訳者略歴

服部 桂（Katsura Hattori）

1951年生まれ。ジャーナリスト。早稲田大学理工学部で修士取得後、1978年に朝日新聞社に入社。84年にAT&T通信ベンチャーに出向。87年から89年まで、MITメディアラボ客員研究員。科学部記者や雑誌編集者を経て2016年に定年退職。関西大学客員教授。早稲田大学、女子美術大学、大阪市立大学などで非常勤講師を務める。著書に『VR原論』『マクルーハンはメッセージ』『人工生命の世界』など。訳書にスタンデージ『ヴィクトリア朝時代のインターネット』（ハヤカワ・ノンフィクション文庫刊）、ケリー『テクニウム』『〈インターネット〉の次に来るもの』、マルコフ『ホールアースの革命家』など。監訳書にダイソン『アナロジア　AIの次に来るもの』（早川書房刊）がある。

オートマトンと計算機械の歩み

作成：服部 桂

1400	ぜんまいバネ発明
1490	伊レオナルド・ダ・ヴィンチの円錐滑車
1642	仏ブレーズ・パスカルの歯車式計算機
1656	蘭クリスティアーン・ホイヘンスの振り子時計
1664	独ゴットフリート・ライプニッツの乗算機
1703	ライプニッツの2進法発表
1704	太陽系を模した計算機オラリー
1734	**ヴォルフガング・フォン・ケンペレン誕生**
1738	**ヴォーカンソンがアヒルのオートマトン公開**
1747	仏ラ・メトリー『人間機械論』
1755	ケンペレン宮廷入り
1769	ケンペレンがペレティエの奇術に立ち会う
1770	**ケンペレンがターク初公開**
1772	**ヨハン・ネポムック・メルツェル誕生**
1773	ピエール・ジャケ＝ドローの筆写人形
1776	アメリカ独立宣言 平賀源内のエレキテル
1781	ヨーゼフ2世の命でターク再公開
1783	**ケンペレンがパリやロンドンで初公演** ウィンディシュのターク解説本 仏モンゴルフィエ兄弟の熱気球 英ジェームズ・ワットのガヴァナー
1784	英エドモンド・カートライトの動力織機
1789	フランス革命 独ヨーゼフ・ラクニッツのターク本
1796	**アントワーヌ・ファーブルのオルゴール**

1799 ナポレオンがクーデターで権力掌握

1800 伊アレッサンドロ・ヴォルタの電池

伊能忠敬が全国の測量を開始

1801 仏ジョゼフ・ジャカールの自動織機

1804 ナポレオン皇帝の第1帝政

ケンペレン死去

1807 米ロバート・フルトンの蒸気船

1809 仏ジャン=バティスト・ラマルクの進化論

ナポレオンがウィーン入りしタークと対戦

1811 英ラッダイト運動始まる

1812 ナポレオンのロシア遠征

ロンドンにガス灯設置

1814 ウィーン会議

英ジョージ・スティーヴンソンの蒸気機関車

1818 **メルツェルがロンドンなどでターク公演開始**

1819 **英チャールズ・バベッジがターク見物**

1821 ロバート・ウィリスのターク本

1822 仏ニセフォール・ニエプスの写真術

1823 **チャールズ・バベッジの階差機関**

1824 仏サディ・カルノーの熱力学

1825 英国で公共鉄道

1826 **アメリカでターク公演開始**

1827 **アメリカン・チェスプレイヤー登場**

1830 パリで7月革命

1835 米サミュエル・モールスの電信機

米エドガー・アラン・ポーがターク見物

1836 **ポーがタークのエッセイ発表**

1837 ヴィクトリア女王18歳で即位

1838 **メルツェルが死去しターク売却**
1841 ポー『モルグ街の殺人』
1842 **バベッジの解析機関**
1848 独マルクス・エンゲルス『共産党宣言』
独ルドルフ・クラウジウスの熱力学法則
1851 米アイザック・シンガーのミシン
ロンドンで初の万国博覧会
初のチェス国際戦開催
1853 クリミア戦争
米エリシャ・オーチスの蒸気エレベーター
1854 **チャイニーズ・シアターでターク焼失**
1857 **サイラス・ウィアー・ミッチェルのターク公式記録**
1859 英チャールズ・ダーウィン『種の起源』
米国でベルトコンベア
南北戦争
米マサチューセッツ工科大学設立

1862 リチャード・ガトリングが機関銃発明
1863 ロンドンで世界初の地下鉄
1864 仏ジュール・ヴェルヌ『地底旅行』
英ジェームズ・マックスウェルの電磁場理論
1865 **ギュスターヴ・ヴィシーのオートマトン**
独グレゴール・メンデルの遺伝法則
英ルイス・キャロル『不思議の国のアリス』
1866 スウェーデンのアルフレッド・ノーベルダイナマイト発明
1867 カール・マルクス『資本論』
米クリストファー・ショールズのタイプライター
米国で冷蔵庫特許
1868 米ウェスチングハウスの空気ブレーキ
仏ジョゼフ・モニエの鉄筋コンクリート

1869	米ハイアット兄弟のセルロイド
	米国で洗濯機発売
	スイスのフリードリッヒ・ミーシャがDNA発見
1870	普仏戦争
1876	米アレクサンダー・グラハム・ベルの電話
	米トーマス・エジソンがメンロパークに研究所
1877	エジソンの蓄音機
1879	エジソンの電球
1880	米ハーマン・ホレリスが国勢調査自動集計機
1883	米ニコラ・テスラの誘導電動機
1885	独カール・ベンツのガソリン内燃機関
1886	独オットマー・マーゲンターラーのライノタイプ
1888	米イーストマンのコダック小型カメラ
1889	エジソンの活動写真
1895	伊グリエルモ・マルコーニの無線実験開始
	独ヴィルヘルム・レントゲンのX線発見
1897	英ジョゼフ・トムソンの電子発見
	米サイモン・レークの潜水艦
1898	仏キュリー夫妻のラジウム、ポロニウム発見
1900	独ツェッペリン飛行船
	オーストリアでジークムント・フロイト『夢判断』
	電動式オートマトン登場
1901	マルコーニの大西洋横断無線
	米国で初の電気掃除機
	ヴィクトリア女王死去
1903	米ライト兄弟の飛行機
1914	第一次世界大戦開始

1936	**英アラン・チューリングのチューリング・マシン**
1939	第二次世界大戦開始
1944	米ジョン・フォン・ノイマンのプログラム内蔵方式計算機
1946	**米ペンシルヴェニア大学でENIAC完成**
1947	米AT&Tベル研のトランジスタ発明
1948	**米ノーバート・ウィーナーのサイバネティクス**
1951	米で初の商用コンピュータUNIVAC
1952	米IBMのIBM701
	アラン・チューリングが紙上チェス
1956	**米ダートマス大学で初の人工知能会議**
1957	ソ連がスプートニク衛星
1964	米IBMのIBM360

1968	米ダグラス・エンゲルバートが究極のデモ
	米スチュアート・ブランド「ホール・アース・カタログ」
	映画『2001年宇宙の旅』
1969	米ARPAネット運用開始
	アポロ11号月面着陸
1971	米インテルが初のマイクロプロセッサー
	米ジョン・ゴーガンがターク再構築開始
1973	**米チェス・プログラムのチェス4.0**
1975	米マイクロソフト社設立
1976	米アップルコンピュータ社設立
1981	米IBMのIBM PC
1983	任天堂のファミリーコンピュータ
1984	アップルのマッキントッシュ
1989	**ゴーガンが再生ターク公開**

1995	マイクロソフトのウィンドウズ95
1996	ホンダの2足歩行ロボットＡＳＩＭＯ
	ＩＢＭのディープ・ソートがガルリ・カスパロフと対戦
1997	ＩＢＭのディープ・ブルーがカスパロフに勝利
1999	ソニーの動物型ロボットＡＩＢＯ
2002	日本の地球シミュレータが世界最高速に
2006	世界コンピュータ将棋選手権でパソコンソフト「Bonanza」が優勝
2011	ＩＢＭのワトソンがクイズ番組で人間の王者に勝利
2012	ディープラーニングにより第３次ＡＩブーム
2013	「東ロボくん」プログラムが東大入試に挑戦
2016	DeepMind の AlphaGo が囲碁の世界チャンピオンのイ・セドルに勝利
2017	将棋ソフト ponanza が現役名人に初勝利
2020	OpenAI によるＧＰＴ－３
2022	ChatGPT が公開される

本書は二〇一一年一二月にNTT出版より単行本
として刊行された作品を文庫化したものです。

ヴィクトリア朝時代のインターネット

THE VICTORIAN INTERNET

トム・スタンデージ
服部 桂訳

ハヤカワ文庫ＮＦ

19世紀、モールス符号を用いた電信の登場は長距離を即時に越えるコミュニケーションを可能にし、世界をつないだ。通信社間のスクープ合戦、詐欺、オンライン恋愛など、その社会的影響はインターネットがもたらしたものと驚くほど似ていた！　今日の情報時代の真の起源を見出し、読者のメディア観を刷新する名著。

HM=Hayakawa Mystery
SF=Science Fiction
JA=Japanese Author
NV=Novel
NF=Nonfiction
FT=Fantasy

謎《なぞ》のチェス指《さ》し人形《にんぎょう》「ターク」

〈NF613〉

二〇二四年十月二十日　印刷
二〇二四年十月二十五日　発行
（定価はカバーに表示してあります）

著者　トム・スタンデージ
訳者　服《はっ》部《とり》桂《かつら》
発行者　早川　浩
発行所　株式会社　早川書房
郵便番号　一〇一 - 〇〇四六
東京都千代田区神田多町二ノ二
電話　〇三 - 三二五二 - 三一一一
振替　〇〇一六〇 - 三 - 四七七九九
https://www.hayakawa-online.co.jp
乱丁・落丁本は小社制作部宛お送り下さい。
送料小社負担にてお取りかえいたします。

印刷・精文堂印刷株式会社　製本・株式会社フォーネット社
Printed and bound in Japan
ISBN978-4-15-050613-1 C0122

本書は活字が大きく読みやすい〈トールサイズ〉です。